... **Títulos relacionados**

IFCD0110 CONFECCIÓN Y PUBLICACIÓN DE PÁGINAS WEB

[DISPONIBLE CERTIFICADO COMPLETO]

Solicítalos en:
- Librería
- www.paraninfo.es
- Solicitudes nacionales +34 914 463 350
- Solicitudes fuera de España +34 913 308 907, +34 913 308 919

Elaboración de plantillas y formularios
UF1304

Javier Mejías Real

© 2024 Ediciones Paraninfo, S. A.
© 2024 Javier Mejías Real

Edición y maquetación: Ediciones Nobel, S. A.

Impresión: Liberdigital (Casarrubuelos, Madrid)
ISBN: 978-84-283-6352-5
Depósito legal: M-2320-2024

Impreso en España

Javier Mejías Real es ingeniero en Informática. Tras unos años trabajando como desarrollador *software* especializado en el desarrollo web, actualmente ejerce su labor profesional como profesor en ciclos formativos de grado medio y superior, especialmente en las áreas de redes de computadoras, desarrollo web y desarrollo multiplataforma.

Índice

Introducción normativa

La Ley Orgánica 3/2022, de 31 de marzo, de ordenación e integración de la Formación Profesional, contiene una disposición derogatoria única que afecta a la regulación de los certificados de profesionalidad, ahora denominados **Certificados Profesionales**. La referida normativa deroga la Ley Orgánica 5/2002, de 19 de junio, de las Cualificaciones y de la Formación Profesional, y abre un escenario de cambios que se irán implementando progresivamente.

La Ley Orgánica 3/2022, de 31 de marzo, de ordenación e integración de la Formación Profesional implica que toda la formación es acumulable. La oferta formativa se estructura de forma escalonada, siendo los Certificados Profesionales un nivel intermedio (Grado C) de una escala que va desde el Grado A hasta el E.

En los artículos 35 a 38 de la Ley 3/2022 se describe en qué consisten estos Certificados Profesionales: su oferta, formación asociada, estructura, duración, acceso, titulación y validez. Posteriormente, esta normativa se completa con lo dispuesto en el Real Decreto 659/2023, de 18 de julio, que desarrolla la ordenación del sistema de Formación Profesional. Concretamente en los artículos 67 a 81 es donde se hace referencia a la oferta formativa de Grado C, correspondiente a los Certificados Profesionales.

Están agrupados en 26 familias profesionales con características comunes del sector. En la actualidad hay más de medio millar de Certificados Profesionales incluidos en el Repertorio Nacional. Esta cifra no deja de crecer. Además, cada certificado está específicamente regulado por un real decreto.

Un Certificado Profesional corresponde al Grado C de la oferta del Sistema de Formación Profesional. Es un documento oficial, con validez en todo el territorio nacional y debe constar en el Catálogo Nacional de Ofertas de Formación Profesional, que certifica la capacitación para el desarrollo de una actividad profesional.

Debe detallar los módulos profesionales superados y los estándares de competencia profesional asociados a él e incluidos en el **Catálogo Nacional de Estándares de Competencias Profesionales**, así como su correspondencia con el Marco Español de Cualificaciones.

Despliegan su validez en un doble ámbito, laboral y académico:

- En el contexto laboral tienen validez profesional, porque acreditan las competencias en una determinada profesión. Para poder trabajar en algunas profesiones, se exigen determinadas cualificaciones, y los certificados sirven para acreditarlas.

- Asimismo, tienen validez académica, puesto que permiten continuar un itinerario formativo siempre que se cumplan los requisitos de acceso para cursar la titulación deseada. De tal modo que, los Certificados Profesionales que sean parte de un Grado D permitirán la matrícula modular para completar los módulos establecidos en el currículo y obtener el correspondiente título de técnico básico, técnico o técnico superior con validez en todo el territorio nacional.

Para obtener un Certificado Profesional (Grado C) es preciso cumplir con los requisitos de acceso para realizar la formación.

Estructura de los Certificados Profesionales

I. Identificación: denominación, familia y área profesional a la que pertenecen; nivel de cualificación profesional (1, 2 o 3); cualificación profesional de referencia; entorno profesional y módulos formativos que esté previsto cursar junto con la duración de cada uno de ellos.

II. Perfil profesional: incluye las competencias profesionales requeridas en el mercado laboral. En todas ellas se concretan las realizaciones profesionales y los criterios de realización.

III. Formación: describe los módulos formativos que esté previsto cursar para adquirir las competencias requeridas. En cada uno de ellos se indican las capacidades que se pretende alcanzar y la duración del módulo de prácticas no laborales —PNL—, para el que cabe solicitar exención si se cumplen determinados requisitos.

IV. Prescripciones de las personas formadoras.

V. Requisitos mínimos de espacios, instalaciones y equipamiento.

Los Certificados Profesionales se identifican con una denominación concreta y un código alfanumérico propio, y sirven para acreditar una determinada cualificación profesional. Cada certificado está asociado a una relación de unidades de competencia que, a su vez, se vinculan con una serie de módulos formativos específicos. Algunos módulos están integrados por unidades formativas y tanto unos como otras son, en ocasiones, transversales, lo que significa que se trata de contenidos incluidos en más de un Certificado Profesional.

Los Certificados Profesionales se articulan en tres niveles de competencia profesional (1, 2 y 3) conforme a lo dispuesto en el que será el Catálogo Nacional de Estándares de Competencias Profesionales, anteriormente Catálogo Nacional de Cualificaciones Profesionales (CNCP), según los criterios establecidos de conocimientos, iniciativa, autonomía y complejidad de las tareas, en cada una de las ofertas de Formación Profesional.

La oferta formativa dirigida a la obtención de los Certificados Profesionales tiene carácter modular para favorecer la acreditación parcial acumulable de la formación recibida y posibilitar así el avance en el itinerario de Formación Profesional para cualquiera que sea la situación laboral de cada persona en cada momento.

En definitiva, el Grado C constituye la oferta, parcial y acumulable, del sistema de Formación Profesional, de varios módulos profesionales del catálogo modular de Formación Profesional por razón de su significado en el mercado laboral y conducente a la obtención de un Certificado Profesional.

Las ofertas de Grado C de Formación Profesional tendrán por objeto módulos profesionales incluidos previamente en el catálogo modular de formación profesional y asociados al Catálogo Nacional de Estándares de Competencias Profesionales.

Finalidad de los Certificados Profesionales

- Contribuir a la ordenación de un Sistema de Formación Profesional al servicio de un régimen de formación y acompañamiento profesionales que sea capaz de responder con flexibilidad a los intereses, expectativas y aspiraciones de cualificación profesional de las personas a lo largo de su vida.

- Combinar escuela y empresa situando a la persona en el centro del sistema.

- Facilitar el aprendizaje permanente de toda la ciudadanía mediante una formación abierta, flexible y accesible, estructurada de forma modular, a través de la oferta formativa asociada al certificado.

- Acreditar las cualificaciones profesionales o las unidades de competencia recogidas en estas, independientemente de su vía de adquisición, bien sea través de la vía formativa, o mediante la experiencia laboral o vías no formales de formación.

- Favorecer, tanto a nivel nacional como europeo, la transparencia del mercado de trabajo.

- Contribuir a la calidad de la oferta de Formación Profesional.

Este libro

El presente libro desarrolla la unidad formativa denominada *Elaboración de plantillas y formularios,* UF1304.

Dicha unidad formativa está asociada a la Unidad de Competencia UC0950_2, forma parte del Módulo Formativo MF0950_2 *Construcción de páginas web* perteneciente a la Cualificación Profesional de referencia IFC297_2, de nivel 2, incluida en el Certificado de Profesionalidad denominado *Confección y publicación de páginas web* dentro de la familia profesional Informática y comunicaciones.

Según el Real Decreto 1531/2011, de 31 de octubre, modificado por el RD 628/2013, de 2 de agosto, los contenidos que en esta obra se recogen se corresponden con una duración de 60 horas.

Tanto la estructura como el desarrollo del libro se ajustan al citado real decreto y más concretamente a los contenidos de la unidad formativa que le da título *Elaboración de plantillas y formularios,* UF1304.

Contenidos

1. Formularios en la construcción de páginas web
   - Características.
     - La interactividad de las páginas web.
     - La variabilidad de los datos de la página web.
     - El envío de información a servidores.
   - Elementos y atributos de formulario.
     - Descripción y definición de los elementos de un formulario.
     - Utilización de campos y textos.
     - Etiquetas de los formularios.
     - Tamaños, columnas y filas de los formularios.
   - Controles de formulario.
     - Descripción de los controles de los formularios.
     - Utilización de botones de acción.
     - Utilización de lista desplegables.
     - Utilización de casillas de verificación.
     - Utilización de campos de textos.

- Formularios y eventos. Criterios de accesibilidad y usabilidad en el diseño de formularios.
  - Agrupación de datos.
  - Adecuación del tamaño del formulario (división en distintas páginas).
  - Identificación de los campos obligatorios.
  - Ordenación lógica de la petición de datos.
  - Información correcta al usuario.
  - Utilización de páginas de error y de confirmación.

2. **Plantillas en la construcción de páginas web**
   - Funciones y características.
     - Descripción de una plantilla web.
     - Elementos de una plantilla web.
     - Estructura y organización de los elementos de las plantillas.
     - Especificar las zonas modificables de una plantilla y las partes fijas.
     - Utilización de plantillas.
   - Campos editables y no editables.
     - Definir y crear los campos susceptibles de cambios en una plantilla.
     - Definir y crear los campos no modificables en una plantilla.
   - Aplicar plantillas a páginas web.
     - Las plantillas en la web.
     - Búsqueda de plantillas en la red.
     - Adaptación de plantillas a páginas web.

■ Nota del Editor

En Ediciones Paraninfo estamos comprometidos con la calidad de la formación e intentamos que nuestros materiales respondan fielmente y con rigor a las necesidades de todos cuantos confían en nuestro sello editorial.

Tratamos de dar respuesta a los currículos de las unidades formativas y de los módulos que integran los distintos Certificados Profesionales, equilibrando la parte teórica con la práctica para que los procesos de aprendizaje se conviertan en experiencias gratificantes, tanto para docentes como para las personas inmersas en los procesos formativos.

Nuestros objetivos son contribuir de forma decisiva a afianzar aprendizajes, ayudar a adquirir destrezas que tengan significado para el empleo y conseguir potenciar el desarrollo personal.

Para lograrlo contamos con excelentes autores, expertos en las materias que abordan, en la mayoría de los casos docentes de dichas especialidades con dilatada experiencia tanto profesional como académica, porque buscamos perfiles familiarizados con los contextos laborales concretos a los que se refieren nuestros manuales.

Confiamos en poder serte de ayuda y esperamos tus impresiones acerca de nuestro trabajo. Sean positivas o negativas, serán muy bien recibidas y, sin duda, nos ayudarán a seguir mejorando y trabajando con ilusión para continuar siendo un referente en formación para el empleo.

Agradecemos tu confianza en nuestros manuales. Todo nuestro equipo queda a tu total disposición. Puedes contactar con nosotros en esta dirección de correo electrónico:

info@paraninfo.es

1. Formularios en la construcción de páginas web

Contenido

1.1. Características

1.1.1. La interactividad de las páginas web

Cuando hablamos de interactividad en las páginas web, nos referimos a la capacidad de los usuarios de interaccionar con estas.

La forma que tienen los usuarios de interactuar con las página web es a través de formularios.

Un formulario web permite al usuario introducir datos que serán enviados al servidor y procesados por este. Los formularios están formados por campos de texto, casillas de selección y otros elementos de interacción, en los que el usuario podrá introducir la información requerida, además de elementos informativos, como etiquetas de texto.

Los formularios se pueden utilizar con infinidad de objetivos, como por ejemplo enviar un *e-mail,* inscribirse en un servicio, comprar unas entradas para el teatro o escribir un *post* en una red social.

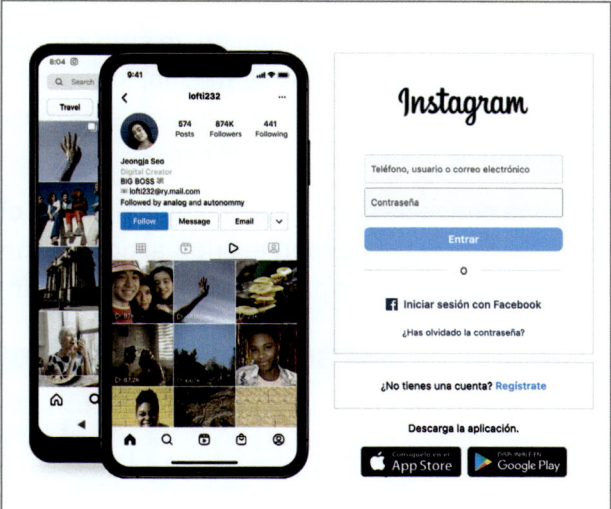

Figura 1.1 y 1.2. Ejemplos de formulario.

1.1.2. La variabilidad de los datos de la página web

Podemos agrupar las páginas web en dos grupos en función de la variabilidad de la información mostrada en ellas:

* **Páginas web estáticas**: son aquellas que apenas cambian el contenido.

* **Páginas web dinámicas**: son aquellas cuya información varía de forma asidua.

Hoy en día muchos usuarios sin conocimientos en programación web pueden tener su propia página utilizando un gestor de contenidos, CMS (*Content Manager System*) que permite la creación de páginas web dinámicas o blogs. Entre los CMS más extendidos nos encontramos WordPress, Drupal, Joomla, Magento o PrestaShop, siendo estos dos últimos CMS propios para la creación de tiendas *online*.

Hoy en día las páginas web estáticas están prácticamente en desuso, ya que en plena sociedad de la información y desde la aparición de la denominada Web 2.0, los usuarios quieren que la información esté lo más actualizada y en el menor tiempo que sea posible. Por otra parte, buscadores como Google priman la variabilidad de la información dentro de nuestra web a la hora de mostrar nuestra página en el resultado de una búsqueda.

Un CMS (*Content Management System,* por sus siglas en inglés) es un sistema de gestión de contenidos, que podría definirse como una herramienta *software* que nos permite crear, organizar, almacenar y administrar de forma eficiente el contenido de un sitio web, permitiendo el trabajo colaborativo.

Un CMS proporciona una interfaz fácil e intuitiva que permite a usuarios sin conocimientos técnicos crear y modificar el contenido de un sitio web de una forma sencilla, separando el contenido de la presentación, lo cual nos permite agregar, editar y eliminar contenido multimedia que luego será mostrado de una forma u otra en función de la plantilla que utilicemos.

Un CMS consta de dos partes, una conocida como el *back-end,* en la cual el administrador o los creadores de contenido pueden escribir artículos que luego serán mostrados en el *front-end,* que es la parte visible por el usuario.

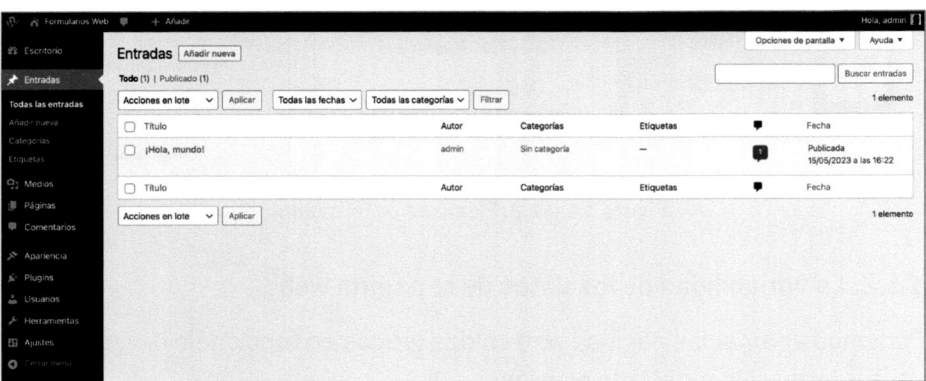

Figura 1.3. Administrador del *back-end* del CMS WordPress.

Las páginas web dinámicas almacenan su información en una base de datos, de tal forma que cuando un usuario, a través de un navegador web, accede a la página, el servidor hace una consulta a la base de datos, y muestra al cliente la página actualizada con la información más reciente. Si el administrador, o cualquier usuario con permisos para hacerlo, modificara dicha información, la próxima vez que accediera se mostraría la información actualizada, por lo que podemos decir que el contenido se genera en tiempo real según las interacciones de los usuarios o de la información almacenada en la base de datos. En contraposición, las páginas web estáticas tienen un contenido fijo que no cambia con frecuencia.

Las páginas web dinámicas suelen implementar un modelo conocido como cliente-servidor, en el cual el cliente, generalmente un navegador web, solicita un servicio o información al servidor y este le resuelve la solicitud. Como ejemplo de solicitud puede ser el acceder a una página web determinada.

La tecnología utilizada del lado del cliente suele ser: HTML, JavaScript (en lenguaje nativo o en algunas de las muchas librerías existentes, como por ejemplo jQuery) y CSS y del lado del servidor: PHP, Ruby on Rails, Python o Java, entre otros, y algún sistema gestor de base de datos como MySQL o MongoDB.

Cuando hablamos de páginas web dinámicas, tenemos que hacer mención al término acuñado por Tim O'Reilly, considerado el mejor editor de libros de informática a nivel mundial, que no es otro que el concepto de **Web 2.0**.

La Web 2.0 supone una importante evolución en la sociedad de la información ya que el usuario pasa de ser un sujeto pasivo a interactuar de forma activa con la web, generando contenido, interactuando con el existente y contribuyendo a la generación de información y conocimiento de forma dinámica y en tiempo real.

El término Web 2.0 fue acuñado por Tim O'Reilly. Hoy en día la mayoría de webs se engloban dentro de este término, como por ejemplo los blogs, las redes sociales o los servicios de noticas colaborativos o con capacidad de interacción.

En la mayoría de las páginas web de hoy en día, la información es generada por sus usuarios, véanse ejemplos como Instagram, Facebook, TikTok o Twitch, donde los creadores se dedican principalmente al mantenimiento y actualización de la web y de las infraestructuras donde se alojan y son los usuarios los que generan el contenido que les producen grandes beneficios a los propietarios del portal web y, en algunos casos, a los propios creadores de contenidos.

Podríamos afirmar que cuando el usuario es el responsable de crear el contenido pasa de ser cliente a ser parte del producto.

1.1.3. El envío de información a servidores

Un servidor web es la combinación de *software* junto con *hardware* que atiende las peticiones solicitadas por los clientes (navegadores web) y les devuelve una respuesta acorde a su solicitud.

Cuando el cliente hace ingresa en una página web, la solicitud llega al servidor donde se aloja dicha página, quien busca la información solicitada y envía la respuesta, generalmente, en forma de página web en HTML, hojas de estilo, *scripts* y archivos multimedia de diversa índole, muchas veces fruto de realizar consultas a través de los sistemas gestores de base de datos donde se almacena la información dinámica de nuestra web solicitada. Para poder generar páginas web dinámicas, en el servidor se puede hacer uso de diferentes lenguajes de programación, como por ejemplo PHP, Python, Java o Ruby.

Existen muchos ejemplos de servidores web, siendo los más conocidos Apache HTTP Server, Microsoft IIS o Nginx.

Es recomendable que los servidores sean computadoras dedicadas por temas de seguridad y rendimiento.

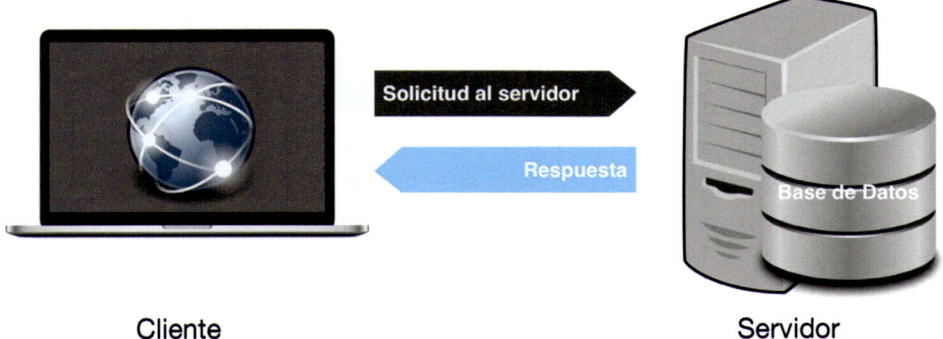

Cliente   Servidor

Figura 1.4. Arquitectura cliente-servidor.

El protocolo HTTP permite dos métodos a la hora de enviar información desde el cliente al servidor. Estos métodos son:

MÉTODO GET

El método GET permite enviar variables en la propia URL. Permite enviar información al servidor sin necesidad de usar formularios. Además, al formar parte de la URL, Google puede indexarlas.

Tiene el inconveniente de que al enviarse los parámetros en una URL, en ocasiones esto puede suponer un fallo de seguridad, ya que alguien podría acceder al sistema, solo con copiar la URL que nos da acceso al mismo, en la cual estén los parámetros de conexión. Otro inconveniente es que, dependiendo del navegador, podemos encontrar problemas a la hora de enviar variables de más de 256 bytes.

En PHP, para recibir la variable tendríamos que usar el siguiente código:

```
$ _ GET['nombreVariable']
```

O de forma genérica:

```
$ _ REQUEST['nombreVariable']
```

Lo normal es crear una URL que contenga las variables que queremos pasar al servidor mediante el método GET. Veamos un ejemplo en PHP.

```php
<?php
echo '<a href=album.php?idFoto=foto->id&categoria=$categoria><img src=foto.jpg/></a>';
?>
```

La línea anterior crea un hipervínculo usando la imagen "foto.jpg", de manera que al hacer clic sobre la imagen, se hará una llamada al servidor donde se ubica nuestra página album.php, la cual será procesada con los parámetros que se pasan como argumentos en la llamada, que, en este caso, se trata de los atributos idFoto y categoria. El servidor procesará dicha llamada y nos mostrará la página correspondiente actualizada con los parámetros enviados como argumento..

Es decir, si queremos acceder al valor del parámetro idCategoria, una vez hecha la llamada al servidor (haciendo clic en la URL resultante de la línea anterior), tendríamos que usar el siguiente método.

```
$ _ GET[idCategoria]
```

Se recomienda utilizar GET cuando la información que vamos a enviar no es privada o vamos a realizar una consulta al servidor, sin actualización de datos.

MÉTODO POST

El método POST solo se puede utilizar en formularios. La información no se envía mediante la URL, por lo que permanece oculta para el usuario.

No existe límite de tamaño a la hora de enviar información mediante el método POST, siempre y cuando la conexión a internet de la que dispongamos nos proporcione una velocidad de subida apropiada.

En PHP, para recibir la variable tendríamos que usar el siguiente código:

```
$ _ POST['nombreVariable']
```

O de forma genérica:

```
$ _ REQUEST['nombreVariable']
```

Veamos un ejemplo en PHP en el que creemos un formulario que utilice el método POST para enviar la información al servidor.

```
1   <!DOCTYPE html>
2 ▼ <html>
3 ▼ <head>
4       <title>Ejemplo formulario POST</title>
5   </head>
6 ▼ <body>
7 ▼     <form method="POST" action="procesarDatos.php">
8           <label for="email">Email:</label>
9           <input type="email" id="email" name="email"><br>
10          <label for="password">Password:</label>
11          <input type="password" id="password" name="password"><br>
12          <input type="submit" value="Enviar">
13      </form>
14  </body>
15  </html>
```

El código anterior nos mostraría un formulario como el de la siguiente imagen, y nos permitiría enviar la información al servidor para hacer el típico proceso de "logueo" en una página web.

Figura 1.5. Ejemplo formulario.

Para recuperar los datos en el lado del servidor tendríamos que utilizar el siguiente código de ejemplo en un fichero PHP, si optamos por dicho lenguaje en el lado del servidor.

```
1   <?php
2   // Verificar si se recibió una solicitud POST
3 ▼ if ($_SERVER['REQUEST_METHOD'] === 'POST') {
4       // Obtener los datos enviados desde el formulario
5       $email = $_POST['email'];
6       $password = $_POST['password'];
7       // A continuación tendríamos que realizar la consulta en nuestra
        base de datos para ver si los datos son correctos y permite el
        acceso al usuario mediante dichos credenciales.
8
9   }
10  ?>
11
```

1.2. Elementos y atributos de formulario

En el presente epígrafe vamos a hacer una descripción de los elementos más importantes de los formularios web, describiendo su utilidad así como los atributos de los mismos.

1.2.1. Descripción y definición de los elementos de un formulario

El lenguaje de programación HTML surgió para poder publicar información de forma estructurada. Con el tiempo, la aceptación de dicho lenguaje como un estándar y el auge de la web hicieron necesaria la creación de formularios para que los usuarios pudieran interactuar con las páginas web.

Como si de un formulario en papel se tratara, los formularios web permiten al usuario introducir información que posteriormente será procesada por el servidor.

El formulario debe de definirse dentro de las etiquetas <form> </form>. Aparte de los atributos estándar como *id,* para indicar el identificador del formulario, el cual debe de ser único; *class* para indicar la clase de la hoja de estilo que tendrá asociada, o *style,* para definirle un estilo en línea, tenemos los atributos *method* y *action.*

- *Method*: permite indicar el método que vamos a utilizar para enviar la información al servidor. Como ya vimos con anterioridad, existen dos tipos:

  - POST: permite enviar la información de forma confidencial. Se suele utilizar para enviar datos sensibles desde el punto de vista de la privacidad o cuando lo que queremos es hacer una actualización *(method="post").*

  - GET: envía los datos en la URL. Se suele utilizar para enviar datos poco sensibles desde el punto de vista de la privacidad o cuando lo que queramos es hacer una consulta *(method="get").*

- *Action*: contiene a dónde se enviarán los datos. Por ejemplo, si estamos utilizando el lenguaje de programación PHP, el parámetro *action* contendrá una página en PHP que será la encargada de procesar los datos enviados al servidor *(action="nombrePagina.php").*

- *Target*: indica dónde se muestra la respuesta una vez realizada la solicitud al servidor y devuelto el resultado. El parámetro *target* puede tomar varios valores, siendo los más importantes los siguientes:

  - _*blank:* devuelve la solicitud a una nueva ventana o pestaña *(target=" _ blank").*

  - _*self:* devuelve la solicitud a la ventana o pestaña actual *(target=" _ self").*

- *_parent:* si la solicitud se está ejecutando desde un *iframe,* devuelve la solicitud al *iframe* padre *(target=" _ parent")*.

- *_top:* la respuesta se muestra en la parte principal de la ventana *(target=" _ top")*.

- **Autocomplete:** puede tomar los valores *on* y *off* y en función de los mismos se autocompletará el formulario con valores introducidos previamente si hemos optado por la opción *on* o no si hemos optado por la opción *off* *(autocomplete="on")*.

- **Attribute**: especifica que cuando se haga el *submit* no se validan los datos del *input* para ver si son válidos o no *(novalidate)*.

- **Accept_charset:** permite indicar el tipo de caracteres que acepta el formulario *(accept _ charset="utf-8")*.

- **Enctype:** este parámetro solo se puede utilizar con el método POST y nos permite indicar el formato de codificación de la información enviada al servidor, es decir, no es lo mismo si queremos enviar una imagen, un audio que un texto. Las opciones son:

  - **application/x-www-form-urlencoded:** es la opción por defecto, por tanto, NO HACE FALTA INDICARLA.

  - **multipart/form-data:** esta opción es necesaria si vamos a subir algún tipo de fichero multimedia aparte del texto *(enctype="multipart/ form-data")*.

  - **text/plain:** envía sin ningún tipo de codificación. Esta opción no es recomendada.

- **Rel:** especifica la relación entre el actual documento y el vinculado. No afecta al funcionamiento de la web, estaría relacionado con la web semántica.

  - **external:** cuando el resultado es un documento externo *(rel="external")*.

  - **help:** cuando el resultado es un documento de ayuda *(rel="help")*.

  - **license:** cuando el documento vinculado es una licencia *(rel="license")*.

  - **next:** especifica el siguiente documento en una selección *(rel="next")*.

  - **nofollow:** indica a los buscadores web como Google que el siguiente enlace no debe de ser indexado en su navegador de búsquedas, de forma que no pueda ser accedido mediante una búsqueda en el navegador web. Se utiliza para enlaces de pago *(rel="nofollow")*.

- **prev:** indica que es un documento anterior a la selección *(rel="prev")*.

- **search:** indica que el formulario es una herramienta de búsqueda *(rel="search")*.

- **noreferrer:** indica al navegador que no envíe un encabezado de tipo HTTP si el usuario sigue ese hipervínculo o formulario *(rel="noreferrer")*.

> Es importante elegir un tipo de codificación de caracteres acorde al idioma de los usuarios que interactuarán con nuestra web, ya que si no utilizamos una codificación válida, podríamos encontrarnos con la aparición de caracteres extraños al mostrar letras como la ñ o la Ç. Recomendamos utilizar UTF-8, ya que permite la codificación de textos en la mayoría de idiomas.

Muchos de los parámetros que hemos visto anteriormente no es necesario especificarlos, ya que el navegador web elige algunas de las opciones por defecto. Por ejemplo, en el caso de *target,* por defecto se elige la opción _self. Si es verdad que los atributos *action* y *method* sí son necesarios para obtener un correcto funcionamiento del formulario web.

Los elementos que se pueden utilizar en un formulario web son los siguientes:

- **Input:** elementos de entrada que en función del tipo que se elija (con la etiqueta `type`) pueden ser de tipo:

  - **Text:** para introducir una única línea de texto.

  - **Radio:** un botón de opciones.

  - **Checkbox:** para una casilla de selección.

  - **Submit:** para que el navegador envíe la información del formulario al servidor.

  - **File:** para que se abra el examinador de archivos.

  - **Hidden:** se utiliza para crear un *input* oculto. No será visible en el formulario.

  - **Image:** permite crear una imagen como botón del tipo *submit,* es decir, al hacer clic en la imagen, el comportamiento del formulario sería el mismo que al hacer clic en un *submit,* enviaría la información a la página indicada en el parámetro *action.*

- *Month:* permite al usuario elegir un mes del año. Dependiendo del navegador es posible que se nos muestre un desplegable con todos los meses del año.

- *Number:* define un campo de entrada numérico.

- *Password:* para que aparezca el texto introducido oculto. Se utiliza para contraseñas.

- *Range:* crea un campo para introducir un valor exacto entre un mínimo (min) y un máximo (max) indicado como argumento. Si no se introducen el mínimo y el máximo, el rango por defecto es de 0 a 100.

- *Reset:* para devolver los campos del formulario al estado inicial.

- *Search:* se utiliza para definir campos de búsqueda.

- *Tel:* se utiliza para definir un campo de texto que debería contener números de teléfono.

- *Text:* es el más genérico y se utiliza para definir una casilla en el formulario para introducir texto. Cuando hablamos de texto estamos diciendo que también se pueden introducir números y caracteres especiales en dicho *input*.

- *Time:* permite al usuario seleccionar una hora. En algunos navegadores se muestra un reloj para seleccionar la hora.

- *Url:* se utiliza para campos de entrada que deberían contener una dirección web.

- *Week:* permite seleccionar una semana y un año.

- *Select:* para crear una lista de opciones en las que el usuario podrá elegir.

- *TextArea:* área de texto.

- *Label:* son las etiquetas de texto para identificar cada ítem del formulario.

- *Fieldset:* permite agrupar los elementos del formulario. La W3C recomienda su utilización, ya que facilita la usabilidad de la web.

- *Legend:* permite crear etiquetas para los *fieldset*.

- *Button:* permite definir un botón a través del cual el usuario haciendo clic sobre el mismo puede acceder a una funcionalidad determinada.

- *Datalist:* nos permite definir una lista de valores predefinidos para un *input*, de forma que el usuario pueda elegir uno de dichos valores o escribir otro que no se encuentre en la lista (a diferencia de los *select* donde solo se pueden elegir los valores del menú desplegable).

- *Output:* permite mostrar el resultado de una operación.

Con los campos anteriores podremos crear un formulario como el que se muestra en la imagen.

Figura 1.6. Ejemplo de formulario web.

1.2.2. Utilización de campos y textos

A la hora de crear nuestro formulario podemos utilizar textos que mejoren su aspecto, así como diversos campos en HTML como imágenes o *plugins* externos, como mapas de Google Maps o reCAPTCHA para verificar si el usuario es un humano.

Importante: es muy previsible que cuando el lector introduzca un carácter especial, como la ñ, la Ç o algún acento, aparezca un símbolo extraño en su lugar. Para que puedan incluirse caracteres especiales en nuestra web, dentro de las etiquetas *head* tenemos que introducir la siguiente línea:

```
<meta charset="utf-8">
```

```
<meta http-equiv="Content-type" content="text/html;charset=UTF-8" />
```

Dentro del formulario podemos utilizar cualquier etiqueta HTML, por ejemplo, podemos incluir párrafos de texto, con la etiqueta <p>; imágenes, con la etiqueta <img>, y en definitiva cualquier elemento HTML. De esta forma podemos obtener formularios mucho más completos y atractivos, como el que mostramos a continuación, así como cambiar el aspecto con la utilización de hojas de estilo CSS.

Figura 1.7. Ejemplo de formulario con *widgets* externos.

```
<form id="formularioSubirFoto" action="subir.php" method="post" enctype="multipart/form-data">
    <label class="usuario-label" for="upfile">Ruta foto</label>
    <input type="file" name="upfile" >

    <label class="usuario-label" for="nombreFoto">Nombre Foto</label>
    <input class="cajaTexto" type="text" maxlength="100" name="nombreFoto">

    <label class="usuario-label" for="fechaToma">Fecha Toma</label>
    <input type="text" class="cajaTexto" id="datepicker" name="fechaToma">

    <label class="usuario-label" for="descripcionFoto">Descripción</label>
    <textarea name="descripcionFoto" class="cajaTextoDescripcion" maxlength="500"
rows="8" cols="40"></textarea>

    <label class="usuario-label" for="map_canvas">Lugar toma</label>
    <div id="map_canvas"></div>

    <label class="usuario-label" for="idCategoria">Categoria</label>
    <select name="idCategoria">
        <option value='1' selected='true'>Aguilar de la Frontera</option>
        <option value='4'>Amsterdam</option>
        <option value='3'>Barcelona</option>
    </select>

    <p style='text-align:justify'>Subiendo la imagen confirma que ha leido nuestras condiciones legales y
las acepta y que cede todos los derechos de explotación a imágenes buitre carroñero S.L. durante los
próximos mil años.</p>

    <div class='botonera'>
        <input class="button " name="boton" type="submit" value="Alta" />
        <input class="button " name="boton" type="submit" value="Eliminar" />
        <input class="button " name="boton" type="submit" value="Modificar" />
    </div>
</form>
```

1.2.3. Etiquetas de los formularios

A la hora de diseñar un formulario web, tenemos que tener muy presente la usabilidad del mismo. Por usabilidad entendemos la facilidad con la que el usuario podrá interactuar con el formulario en particular y con la web en general. Para mejorar dicha usabilidad es fundamental que cada uno de los campos que haya en el formulario esté correctamente etiquetado.

Para utilizar etiquetas en nuestros formularios tenemos que hacer uso de la palabra clave <label> o <legend>.

<label>

La etiqueta <label> permite definir un rótulo para un *input*. Veamos un ejemplo de formulario con etiquetas.

```html
<form>
    <label for="nombre">Nombre</label><br>
    <input type="text" name="nombre" id="nombre"/><br>
    <label for="apellidos">Apellidos</label><br>
    <input type="text" name="apellidos" id="apellidos"/><br>
    <label for="direccion">Dirección</label><br>
    <textarea id="direccion"></textarea><br>
    <input type="submit" value="Alta">
</form>
```

En el parámetro `for` tenemos que poner el nombre del *id* del *input*. La etiqueta `label`, además de mostrar un identificador del campo, mejora la accesibilidad de la web, ya que, si una persona invidente utiliza un lector de pantalla, podrá hacerse un esquema mental de cómo está diseñado el formulario.

Quedando de la siguiente forma.

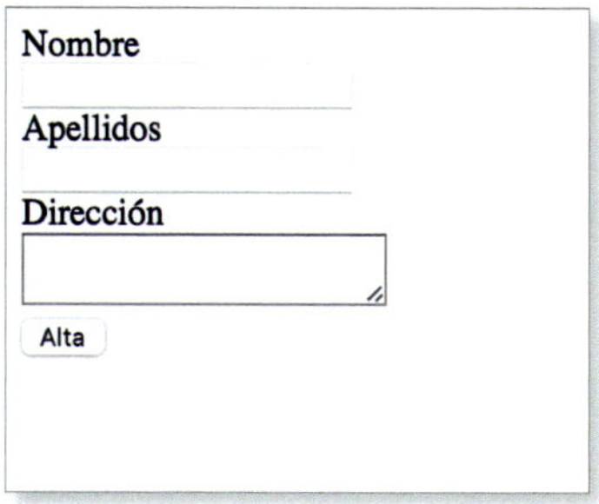

Figura 1.8. Ejemplo de formulario con *label*.

Cada vez que el usuario pulsara el botón etiquetado como "Alta", los datos introducidos en el formulario se enviarían al servidor y se pasarían a la página `altaUsuario.php`, en la cual se tendría que hacer el alta del usuario en el sistema con los datos pasados como parámetros. El funcionamiento en el lado del servidor no sería el objetivo del presente manual, por eso remitimos al lector interesado a documentarse sobre el lenguaje PHP y la creación de aplicaciones web utilizando dicho lenguaje en el lado del servidor.

<legend>

Para utilizar la etiqueta `<legend>` tenemos que agrupar los controles del formulario con la etiqueta `<fieldset>`. Esta etiqueta permite agrupar controles y etiquetas que estén relacionados, mejorando la usabilidad y la accesibilidad.

> La utilización de <fieldset> para agrupar controles y etiquetas es una recomendación de la W3C (es un consorcio internacional que produce recomendaciones para la World Wide Web), ya que mejora la usabilidad y la accesibilidad de la web.

Veamos un ejemplo de formulario agrupado con `fieldset` y etiquetado con `legend`.

Y el resultado sería el siguiente:

Figura 1.9. Ejemplo de formulario con *fieldset*.

1.2.4. Tamaños, columnas y filas de los formularios

TAMAÑO

En la mayoría de *inputs* podemos especificar el tamaño con la palabra clave size acompañada de un número que indicará el tamaño de dicho *input* medido en caracteres.

Veamos cómo afecta el tamaño a nuestros *inputs*.

```
<form>
  <fieldset>
    <legend>Datos personales:</legend>
    <label for="nombre">Nombre</label><br>
    <input type="text" size="45" id="nombre" name="nombre"><br>
    <label for="apellidos">Apellidos</label><br>
    <input type="text" size="45" id="apellidos" name="apellidos"><br>
    <label for="email">E-mail</label><br>
    <input type="text" size="20" id="email" name="email"><br>
  </fieldset>
</form>
```

```
┌─Datos personales:────────────────────────────────────────────┐
│ Nombre                                                        │
│ _____             │
│ Apellidos                                                    │
│ _____             │
│ E-mail                                                       │
│ _____                                         │
└──────────────────────────────────────────────────────────────┘
```

Figura 1.10. Ejemplo de *input*s de distinto tamaño.

Por otra parte, podemos modificar el tamaño del `input`, así como su aspecto, haciendo uso de hojas de estilo CSS, en las cuales nos permitirían modificar todos los aspectos gráficos del `input`.

COLUMNAS

Algunos campos del formulario permiten definir su ancho en columnas medida en caracteres. Este es definido con el atributo `cols` y seguido de un número entero. Uno de los ítems que permiten esta cualidad es `TextArea`.

Si no se especifica nada, el valor por defecto es de 20.

Veamos un ejemplo de página con varios `TextArea` con distinto ancho.

```
<form>
    <label for="direccion">Direccion</label><br>
    <textarea cols="40" id="direccion" name="direccion"></textarea><br>
    <label for="descripcion">Descripcion</label><br>
    <textarea cols="80" id="descripcion" name="descripcion"></textarea><br>
    <input type="submit" value="Alta">
</form>
```

Para definir el ancho en columnas de la caja de texto basta con poner la palabra `cols="numeroEntero"`.

El ejemplo anterior quedaría de la siguiente forma:

Figura 1.11. Ejemplo de TextArea de distinto tamaño de columnas.

FILAS

Al igual que ocurre con el ancho en columnas, algunos elementos del formulario, como `TextArea`, permiten indicar el número de filas mediante la palabra clave `rows` seguida de un número entero.

Veamos un ejemplo:

```
<form>
    <label for="direccion">Direccion</label><br>
    <textarea rows="2" id="direccion" name="direccion"></textarea><br>
    <label for="descripcion">Descripcion</label><br>
    <textarea rows="8" id="descripcion" name="descripcion"></textarea><br>
    <input type="submit" value="Alta">
</form>
```

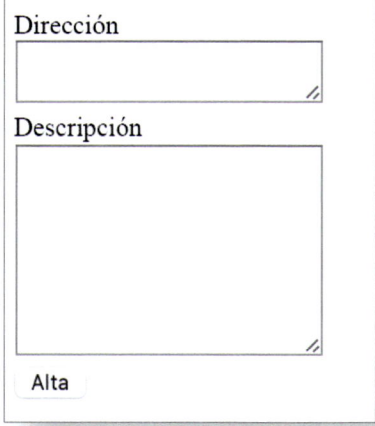

Figura 1.12. Ejemplo de TextArea de distinto tamaño de filas.

1.3. Controles de formulario

1.3.1. Descripción de los controles de los formularios

Cuando hablamos de controles de los formularios nos referimos a todos aque-llos elementos que forman parte interactiva de ellos, como son los botones, las casillas de verificación, los *radio buttons,* los menús (*select*), las cajas de texto y cualquier otro tipo de entrada de datos (*input*).

Dentro de los controles de los formularios, encontramos los *inputs,* que pue-den ser de varios tipos, los *TextArea* y los *select.*

1.3.1.1. INPUT

La etiqueta *input* permite crear un ítem para introducir datos. Dependiendo de la configuración de sus atributos, la entrada puede ser de distintas formas.

De forma genérica, si queremos crear una entrada para texto, utilizaríamos las siguientes etiquetas:

```
<input type="text" name="txtName" id="txtName">
```

El atributo *type* nos indica el tipo de entrada de datos que nos ofrecerá nuestro *input,* el atributo *id* tiene que ser único para nuestro atributo, no puede haber dos elementos en la misma página web (fichero HTML) con el mismo *id* y nos permite definir hojas de estilo que afecten solo a dicho elemento. El atributo *id* se puede utilizar en cualquier elemento HTML, mientras que *name* es solo aso-ciado a elementos del formulario web. El nombre que pongamos en la etiqueta *name* es con el nombre que podremos referenciar dicho elemento desde el ser-vidor, mientras que el identificador *id* nos permitirá referenciar dicho elemento desde JavaScript.

Veamos pues las posibles opciones de configuración para la etiqueta *input:*

Atributo	Posibles valores	Descripción
accept	file_extension audio/* video/* image/* media_type	Especifica el tipo de archivo aceptado por el servidor. Solo con el atributo *type*="file".
alt	text	Especifica un texto alternativo para las imágenes. Este texto puede ser usado por lectores de pantallas para invidentes. Solo con el atributo *type*="image".

Atributo	Posibles valores	Descripción
autocomplete	on off	Especifica si un elemento de tipo *input* puede ser autocompletado. Se puede especificar en la etiqueta <form>.
autofocus	Autofocus	Especifica que cuando carguemos la página el ítem activo (sobre el que estará el cursor del teclado) será este.
checked	checked	Solo es válido en los *inputs* *type*="checkbox" y *type*="radio". Indica que la opción que lo incluye será la seleccionada por defecto.
disabled	Disabled	El *input* está deshabilitado.
form	Form_id	Podemos utilizar un *input* existente en nuestra web sin necesidad de que esté dentro del formulario, solo bastaría con hacer referencia con el atributo *form*="form_id", siendo form_id el nombre del formulario.
formmethod	Get Post	Define el método HTTP para enviar información: *get* o *post*. Atributo válido en los *inputs* de *type*='submit' o *type*='image'.
formnovalidate	formnovalidate	Define los elementos que no tienen que ser validados cuando se envía un formulario.
formtarget	_blank _self _parent _top framename	Especifica dónde se muestra la respuesta obtenida de enviar el formulario al servidor.
height	Píxeles	Especifica el ancho del *input*. Solo es compatible en *inputs* de tipo *image*.
max	Un número máximo o fecha máxima	Especifica el número máximo o la fecha máxima del valor de los *inputs*.
maxlength	Un número	Especifica el número máximo de caracteres permitidos en el *input*.
min	Un número mínimo o una fecha mínima	Especifica el número mínimo o la fecha mínima del valor de los *inputs*.
multiple	multiple	Especifica que el usuario puede introducir más de un valor en un elemento de tipo *input*.
name	Texto	Especifica el nombre de la etiqueta *input*.

Atributo	Posibles valores	Descripción
pattern	regexp	Especifica la expresión regular que tiene que cumplir el valor introducido por el usuario para dar como buena la verificación.
readonly	readonly	Especifica que el *input* es de solo lectura, no puede ser modificado.
required	required	Especifica que el *input* tiene que ser rellenado de forma obligatoria por el usuario para poder enviarlo al servidor.
size	number	Especifica el ancho, en número de caracteres, de un *input*.
src	URL	Especifica la URL de una imagen. Solo es compatible en *inputs* de tipo imagen.
step	number	Especifica cómo puede aumentar o disminuir un campo de tipo numérico.
type	button checkbox color date datetime datetime-local email file hidden image month number password radio range reset search submit tel text time url week	Especifica el tipo de *inputs* a mostrar.
value	text	Especifica el valor de un *input*.
width	Píixeles	Especifica el ancho en píxeles de un *input* de tipo *image*.

Para que el lector se haga una idea de cómo utilizar los atributos mostrados en la tabla anterior, veamos un ejemplo:

```html
<form>
  <label for="nombre">Usuario:</label><br>
  <input type="text" id="nombre" name="nombre" size="40" value="usuario"><br>
  <label for="lname">Contraseña</label><br>
  <input type="password" id="password" name="password" maxlength="10"><br><br>
  <input type="submit" value="Enviar">
</form>
```

Quedando de la siguiente forma en nuestra web:

Usuario:
usuario
Contraseña

Enviar

Figura 1.13. Ejemplo de formulario web.

A continuación, vamoa a ver los distintos tipos de *inputs* que existen.

Input type="text"

El *type* text es el tipo por defecto en un input. Si no especificamos ningún valor en el atributo type, el navegador lo interpretará como un *input* de tipo text. Permite introducir un texto sencillo.

Mostrándose de la siguiente forma la caja de texto:

Figura 1.14. Ejemplo de *input type text*.

Recordamos que el *input* puede llevar varios de los argumentos vistos en la tabla anterior modificando su funcionalidad. Además, podríamos modificar el aspecto utilizando hojas de estilo CSS.

Input type="radio"

El *type* "radio" define un botón de tipo `radiobutton`, de tal forma que de una lista de opciones solo se puede seleccionar una, a diferencia del `CheckBox`, que veremos más adelante, donde se pueden seleccionar varias o incluso ninguna.

```
1.  <input type="radio" id="Menor" name="edad" value="Menor">
2.  <label for="html">Menor de 18 años</label><br>
3.  <input type="radio" id="mayor" name="edad" value="Mayor">
4.  <label for="css">Mayor de 18 años</label><br>
```

Quedando de la siguiente forma:

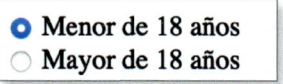

Figura 1.15. Ejemplo de *input type radio.*

Nótese que por defecto no tiene por qué venir ninguna opción elegida. Por otra parte, el atributo `name` tiene que ser el mismo para todas las opciones, mientras que los atributos `id` y `value` son diferentes entre los distintos `radio` que conforman el conjunto de opciones de `radiobutton`.

Input type="checkbox"

Permite seleccionar cero o más opciones.

```
1.  <h2>Aficiones</h2>
2.  <form>
3.   <input type="checkbox" id="afi1" name=" afi1" value="Deportes">
4.   <label for="afi1">Deportes</label><br>
5.   <input type="checkbox" id="afi2" name="afi2" value="Cine">
6.   <label for="afi2">Cine</label><br>
7.   <input type="checkbox" id="afi3" name="afi3" value="Libros">
8.   <label for="afi3">Libros</label>
9.   <input type="submit" value="Enviar">
10. </form>
```

Figura 1.16. Ejemplo de *input type checkbox.*

Tal y como hemos indicado, en el `checkbox`, a diferencia del `radio`, se pueden elegir cero, una o más opciones.

Input type="submit"

Permite crear un botón para enviar los datos del formulario al servidor.

```
<input type="submit" value="Enviar">
```

En el atributo *value* se pone la etiqueta del botón.

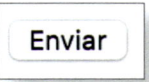

Figura 1.17. Ejemplo de *input type submit.*

Input type="button"

Crea botones cuya funcionalidad viene dada por funciones en JavaScript, a diferencia del botón de tipo *submit* que envía la información al servidor.

```
<input type="button" onclick="alert('Hola')" value="Clic">
```

A continuación, mostramos la pantalla del resultado de hacer clic en el botón etiquetado como "Clic" en la página web.

Figura 1.18. Ejemplo de *input type button* y ventana que se muestra al hacer clic.

El *input* de tipo *button* puede definirse también con la etiqueta *button,* quedando el ejemplo anterior de la siguiente forma:

```
<button onclick="alert('Hola')">Clic</button>
```

Input type="color"

Nos permite mostrar un *select*or de color.

```
1.  <form>
2.    <label for="colorElegido">Elige un color</label>
3.    <input type="color" id="colorElegido" name="colorElegido">
4.  </form>
```

Se nos mostraría un *input* como el de la siguiente imagen:

Figura 1.19. Ejemplo de *input type color..*

Input type="date"

Nos permite definir un *input* para introducir una fecha determinada.

```
1.  <form>
2.      <label for="nacimiento">Fecha nacimiento:</label>
3.    <input type="date" id="nacimiento" name="nacimiento">
4.  </form>
```

Se nos mostraría un *input* de la siguiente forma:

Figura 1.20. Ejemplo de *input type date.*

Input type="datetime" y "datetime-local"

A diferencia del *input* de tipo *date* con *datetime* y *datetime-local,* además de la fecha, se puede introducir la hora, y con *datetime-local* no se tendrá en cuenta la zona horaria. Aconsejamos utilizar este último, ya que hay navegadores que no dan soporte a la zona horaria.

El código quedaría de la siguiente forma:

```
1.  <form>
2.    <label for="nacimiento">Fecha nacimiento:</label>
3.    <input type="datetime-local" id="nacimiento" name="nacimiento">
4.  </form>
```

El resultado sería el siguiente:

Figura 1.21. Ejemplo de *input type datetime-local.*

Input type="email"

Con el *type email* podemos definir un *input* para que el usuario introduzca un correo electrónico, de forma que si la información introducida no tiene el formato característico de un *e-mail,* no dejará hacer el *submit.* El programador no tendrá que hacerse cargo del control de errores, ya que lo incluye el *input* de tipo *email* por defecto.

```
1.  <form>
2.    <label for="email">E-mail:</label>
3.    <input type="email" id="email" name="email">
4.  </form>
```

Quedando de la siguiente forma (nótese que el mensaje de error sale al intentar hacer *submit* o simplemente al presionar la tecla ENTER mientras está seleccionada la casilla *e-mail* y el dato introducido no es correcto).

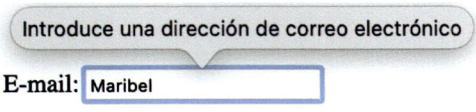

Figura 1.22. Ejemplo de *input type email.*

Input type="file"

El *input* de tipo *file* nos permite crear un botón y, al hacer clic sobre él, se despliega el navegador de archivos de nuestro ordenador para poder seleccionar uno.

```
<input type="file" id="mifichero" name="mifichero">
```

Se nos mostraría de la siguiente forma:

Seleccionar archivo   nada seleccionado

Figura 1.23. Ejemplo de *input type file*.

Input type="hidden"

El *input* de tipo *hidden* permite definir un campo oculto para el usuario. Dicho campo se suele utilizar para guardar información necesaria a la hora de realizar la consulta o ejecutar la sentencia en la base de datos en el lado del servidor, como por ejemplo el *id* de un registro, cuya información no sea necesaria conocer por parte del usuario.

```
<input type="hidden" id="idUser" name="idUser" value="1789">
```

Como ya hemos dicho, el *input* no se mostraría al usuario, por lo que visualmente no afecta al formulario web creado.

Input type="image"

El *input* de tipo *image* permite utilizar una imagen como un botón de tipo *submit,* de forma que al hacer clic sobre la imagen se envíe toda la información al servidor.

```
<input type="image" src="icono.png" alt="Submit>
```

Se mostraría en el navegador la imagen "icono.png" y, al hacer clic sobre ella, tendría la misma funcionalidad que al hacer un *submit.*

Input type="month"

El *input* de tipo *month* permite crear un *input* para seleccionar un mes del año.

```
<input type="month" id="mes" name="mes">
```

El *input* de tipo *month* no es compatible con Internet Explorer 11, Mozilla Firefox ni con Safari.

Figura 1.24. Ejemplo de *input type month* en Google Chrome.

Input type="number"

Permite definir un *input* de tipo numérico, de manera que, si el usuario introduce un valor no numérico, se mostrará un error. Permite indicar un máximo y un mínimo.

```
1.  <label for="nota">Calificación:<label>
2.  <input type="number" id="nota" name="nota" min="0" max="10">
```

Se nos mostraría de la siguiente forma el *input* anterior:

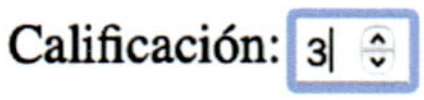

Calificación: 3

Figura 1.25. Ejemplo de *input type number.*

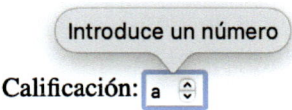

Figura 1.26. Ejemplo de *input type number* mostrando un error.

Input type="password"

Permite definir un *input* de tipo *password,* de tal forma que, al introducir un texto, este se verá oculto mediante el uso de puntos o asteriscos.

```
1. <label for="pass">Contraseña:</label><br>
2. <input type="password" id="pass" name="pass">
```

Mostrándose de la siguiente forma:

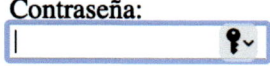

Figura 1.27. Ejemplo de *input type password.*

Al escribir, se mostraría el texto oculto, tal y como se muestra en la siguiente imagen:

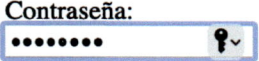

Figura 1.28. Ejemplo de *input type password* relleno.

Input type="range"

Nos permite definir un rango de valores numéricos de entrada, de tal forma que el usuario pueda elegir entre un mínimo y un máximo.

```
1. <label for="peso">Peso (entre 0 and 150kg):</label>
2. <input type="range" id="peso" name="peso" min="0" max="50">
```

Quedando en nuestro formulario de la siguiente forma:

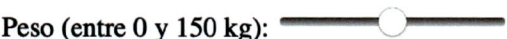

Figura 1.29. Ejemplo de *input type range.*

Input type="reset"

Permite crear un botón de tipo *reset,* el cual tiene la funcionalidad implementada, de tal forma que, al hacer clic, se resetearán todos los *inputs* del formulario, pasando a tener los valores por defecto o estando vacíos.

```
<input type="reset">
```

Input type="search"

El *input* de tipo *search* realmente funciona como un *input* de tipo texto normal. Se utiliza para darle un valor semántico a la web y, en caso de que algún usuario haga uso de lectores de pantalla, sepa que en esa casilla de texto tiene que introducir los patrones de búsqueda.

```
1.  <label for="gbuscar">Buscar en Google:</label>
2.  <input type="search" id="gbuscar" name="gbuscar">
```

Y como hemos dicho, se mostraría como un *input* de tipo texto normal.

Input type="tel"

El *input* de tipo *tel* nos permite crear una caja para introducir números de teléfono, permitiendo incluso establecer un patrón para que, en caso de que el usuario no introduzca un número acorde a dicho patrón, se muestre el mensaje de error correspondiente.

```
1.  <label for="teléfono">Introduzca su teléfono:</label>
2.  <input type="tel" id="telefono" name="telefono" pattern="[0-9]{9}">
```

Mostrándose tal y como vemos en la siguiente figura:

Figura 1.30. Ejemplo de *input type tel*.

Input type="time"

Permite crear un *input* a través del cual el usuario puede introducir una hora determinada.

Veamos a continuación un ejemplo de código:

```
1.   <label for="tiempo">Seleccione la hora:</label>
2.   <input type="time" id="tiempo" name="tiempo">
```

El cual quedaría de la siguiente forma:

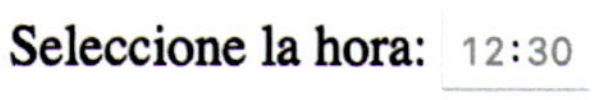

Seleccione la hora: 12:30

Figura 1.31. Ejemplo de *input type time*.

Input type="url"

Permite crear un *input* para introducir URL (direcciones de recursos web). Dependiendo de la versión del navegador, puede que, si el formato de la URL introducido no es válido, al hacer el *submit* se valide y nos muestre el mensaje de error correspondiente.

Veamos un ejemplo de código:

```
1.    <label for="web">Página personal:<label>
2.    <input type="url" id="web" name="web">
```

Quedando de la siguiente forma:

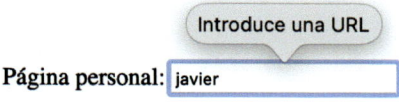

Figura 1.32. Ejemplo *input type url* con una URL no válida.

En la imagen anterior vemos el mensaje de error mostrado al introducir una URL no válida.

Input type="week"

El *input* de tipo *week* no es soportado ni en Safari, ni en Firefox ni en Internet Explorer. Nos permite definir un *input* para que el usuario introduzca una semana del año.

A continuación, ponemos un ejemplo de código:

```
1. <label for="semana">Seleccione una semana:</label>
2. <input type="week" id="semana" name="semana">
```

Quedando de la siguiente forma (lo hemos visualizado en Google Chrome):

Figura 1.33. Ejemplo *input week*.

TextArea

El TextArea permite definir una caja de texto plano con múltiples líneas.

```
1.  <textarea name="texto" rows="10" cols="30">
2.  Esto es una caja de texto.
3.  </textarea>
```

Con el atributo *rows* especificamos el número de filas y con el atributo *cols* el número de columnas. El ejemplo anterior quedaría de la siguiente forma:

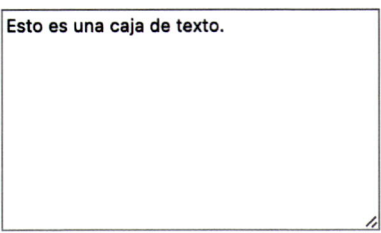

Figura 1.34. Ejemplo de TextArea.

Los atributos que admite la etiqueta TextArea son los siguientes:

Atributo	Posibles valores	Descripción
autofocus	Autofocus	Especifica que cuando carguemos la página el ítem activo (sobre el que estará el cursor del teclado) será este.
cols	Número entero	Permite indicar el número de columnas de ancho de la caja de texto.
disabled	Disabled	El *input* está deshabilitado.
form	Form_id	Podemos utilizar un *input* existente en nuestra web sin necesidad de que esté dentro del formulario, solo bastaría con hacer referencia con el atributo form="form_id", siendo form_id el nombre del formulario.
maxlength	Un número	Especifica el número máximo de caracteres permitido en el *input*.
name	Texto	Especifica el nombre de la etiqueta *input*.
placeholder	Texto	Permite indicar una pista del texto esperado por parte del usuario. Por ejemplo, si queremos que el usuario ponga la dirección de envío.
readonly	readonly	Especifica que el *input* es de solo lectura, no puede ser modificado.
required	required	Especifica que el *input* tiene que ser rellenado de forma obligatoria por el usuario para poder enviarlo al servidor.
rows	Número entero	Especifica el número de filas de la caja de texto.
wrap	Hard o soft	Permite indicar si el texto enviado conservará los saltos de línea (*hard*) o si se enviará como una única línea de texto (*soft*).

Select

En los formularios hay ocasiones en los que tenemos que elegir una opción de un conjunto posible, por ejemplo, la provincia de residencia. Para este cometido, se utilizan los *select*.

```
1.  <select>
2.      <option value="Almeria">Almería</option>
3.      <option value="Cadiz">Cádiz</option>
4.      <option value="Cordoba" selected>Córdoba</option>
5.      <option value="Granada">Granada</option>
6.      <option value="Huelva">Huelva</option>
7.      <option value="Jaen">Jaén</option>
8.      <option value="Malaga">Málaga</option>
9.      <option value="Sevilla">Sevilla</option>
10. </select>
```

En el ejemplo anterior se mostraría un desplegable con las ocho provincias andaluzas y por defecto estaría seleccionada la opción de Córdoba.

Figura 1.35. Ejemplo de *select*. Al hacer clic se muestra la opción con el atributo *selected* que es la opción por defecto.

Los atributos que admite la etiqueta *select* son los siguientes:

Atributo	Posibles valores	Descripción
autofocus	Autofocus	Especifica que cuando carguemos la página el ítem activo (sobre el que estará el cursor del teclado) será este.
disabled	Disabled	El *input* está deshabilitado.
form	Form_id	Podemos utilizar un *input* existente en nuestra web sin necesidad de que esté dentro del formulario, solo bastaría con hacer referencia con el atributo *form*="form_id", siendo form_id el nombre del formulario.
multiple	multiple	Especifica que el usuario puede seleccionar más de un valor en un elemento de tipo *input*.

Atributo	Posibles valores	Descripción
name	Texto	Especifica el nombre de la etiqueta *input*.
required	required	Especifica que el *input* tiene que ser rellenado de forma obligatoria por el usuario para poder enviarlo al servidor.
size	number	Especifica el ancho, en número de caracteres, de un *input*.
selected	*selected*	Indica que esa opción es la elegida por defecto.

Datalist

Datalist permite definir una lista de opciones para un *input* de tipo texto, pero a diferencia de *select,* serían recomendaciones, ya que el usuario podría introducir finalmente el texto que quisiera en el *input* y no tendría que ceñirse al conjunto de opciones.

```
1.  <input list="via">
2.    <datalist id="via">
3.      <option value="Calle">
4.      <option value="Avenida">
5.      <option value="Carretera">
6.    </datalist>
```

El usuario vería las opciones Calle, Avenida y Carretera, pero podría introducir otra opción distinta, simplemente escribiéndola en el *input.*

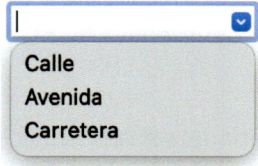

Figura 1.36. Ejemplo de *input* con *Datalist*.

Output

El elemento de tipo *output* permite crear un elemento interactivo que mediante el uso de un *script* muestra el resultado de operaciones matemáticas.

```
1.  <form oninput="x.value=parseInt(a.value)*parseInt(b.value)">
2.    1
3.    <input type="range"  id="a" name="a" value="1" min="1" max="10">
4.    10 multiplicado por
5.    <input type="number" id="b" name="b" value="20">
6.    =
7.    <output name="x" for="a b"></output>
8.  </form>
9.
```

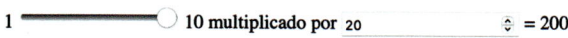

1 ⚪ 10 multiplicado por 20 ⇕ = 200

Figura 1.37. Ejemplo de *output*.

Vamos modificando los distintos valores y se va mostrando el nuevo valor en el *output*.

1.3.2. Utilización de botones de acción

Tal y como su nombre indica, los botones de acción nos permiten dotar de cierta funcionalidad a nuestro formulario, de tal forma que, al presionarlos, bien con un clic de ratón o con el dedo si hablamos de dispositivos táctiles como un *smartphone,* obtendremos una u otra funcionalidad.

De forma general tenemos botones que nos permiten devolver el formulario al estado inicial (*reset*), enviar el contenido del formulario a la página del servidor indicada en el parámetro *action* del mismo (*submit*) o bien ejecutar una función en JavaScript.

A continuación vamos a ver los distintos tipos de botones y sus acciones.

Type Reset

El *input* de tipo Reset permite poner todos los campos que haya en el formulario en su estado inicial.

```
1. <form>
2.     <label for="txtNombre">Nombre:</label><br>
3.     <input type="text" name="txtNombre"><br>
4.     <label for="txtApellidos">Apellidos:</label><br>
5.     <input type="text" name="txtApellidos"><br><br>
6.     <input type="reset" name="resetear">
7. </form>
8.
```

Automáticamente, en el instante en el que pulsemos el botón "Restaurar", se borrará toda la información que hayamos escrito en el formulario. (La funcionalidad de dicho botón se hace de forma automática; el programador no tiene que implementar nada).

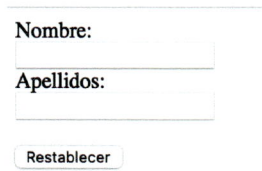

Nombre:

Apellidos:

Restablecer

Figura 1.38. Ejemplo formulario con botón Reset.

Imaginemos que una usuaria escribe su nombre y su primer apellido, quedando el formulario de la siguiente forma:

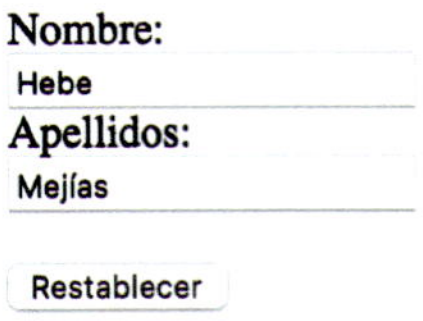

Nombre:
Hebe

Apellidos:
Mejías

Restablecer

Figura 1.39. Ejemplo de formulario con botón Reset.

En el momento en el que pulsara el botón etiquetado como "Restaurar", que es un *input* de tipo Reset, se limpiaría el formulario volviendo este al estado inicial.

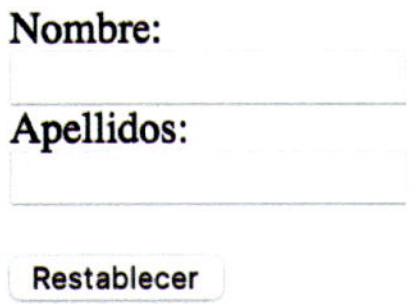

Nombre:

Apellidos:

Restablecer

Figura 1.40. Ejemplo de formulario con botón Reset.

Type Submit

El *input* de tipo Submit define un botón que al pulsarlo enviará toda la información del formulario a la página del servidor que hayamos indicado en el atributo *action* del formulario.

```
1.  <form action="paginaServidor.php">
2.      <label for="txtNombre">Nombre:</label><br>
3.      <input type="text" name="txtNombre"><br>
4.      <label for="txtApellidos">Apellidos:</label><br>
5.      <input type="text" name="txtApellidos"><br>
6.      <label for="txtDireccion">Dirección:</label><br>
7.      <textarea name="txtDireccion"></textarea><br><br>
8.      <input type="submit" name="Enviar">
9.  </form>
```

Al pulsar el botón etiquetado como "Enviar", que es un *input* de tipo *submit,* se llamará a la página "paginaServidor.php" y se enviará toda la información que haya rellenado en el formulario. De esa forma, en el servidor se podrá tratar dicha información y realizar las operaciones pertinentes.

Nombre:

Apellidos:

Dirección:

Enviar

Figura 1.41. Ejemplo de formulario con botón Submit.

Una vez enviada toda la información a la página que hemos indicado en el *action,* tendríamos que recuperar dicha información utilizando el comando correspondiente. En PHP, tendríamos que utilizar $\_GET(nombreVariable)$, si hemos utilizado el método GET en el parámetro *method,* y $\_POST (nombreVariable)$, si hemos utilizado el método POST en el atributo *method,* o $\_REQUEST(nombreVariable)$, indistintamente.

Por ejemplo, en el siguiente formulario:

```
1.  <form action="paginaServidor.php" method="get">
2.      <label for="txtNombre">Nombre:</label><br>
3.      <input type="text" name="txtNombre"><br>
4.      <label for="txtApellidos">Apellidos:</label><br>
5.      <input type="text" name="txtApellidos"><br>
6.      <label for="txtDireccion">Dirección:</label><br>
7.      <textarea name="txtDireccion"></textarea><br><br>
8.      <input type="submit" name="Enviar">
9.  </form>
```

Para obtener el valor del *input* "txtApellidos" en el lado del servidor tendríamos que usar el código:

$\_GET('txtApellidos')$

Type image

Los *inputs* de tipo "image" permiten utilizar imágenes como botones. El funcionamiento es igual a los *inputs* de tipo *submit.* Veamos un ejemplo:

```
<input type="image" src="../imagenes/botonAceptar.png">
```

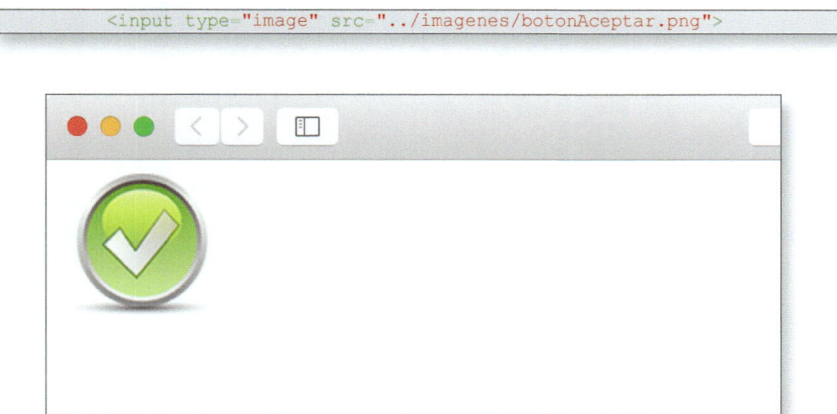

Figura 1.42. Ejemplo de formulario con botón de tipo *image.*

La utilización de imágenes como botones de formulario nos permite crear páginas más vistosas, usables y personalizadas.

Button

El *input* de tipo *button* puede definirse con la etiqueta "button", quedando el código de la siguiente forma:

```html
<button onclick="alert('Hola')">Clic</button>
```

El texto que se indica entre las dos etiquetas "button" es el que aparecerá en el botón y, en lugar de hacer un *submit* y enviar la información al servidor, se ejecutará el código que haya en el argumento *onclick.* En el caso de no poner nada en el parámetro *onclick,* el botón no hará nada.

1.3.3. Utilización de lista desplegables

Es muy normal que cuando diseñemos un formulario queramos que el usuario pueda elegir entre un conjunto de opciones acotadas, por ejemplo la comunidad autónoma de residencia o el país de la UE al que pertenece. En este caso lo mejor es utilizar listas desplegables del tipo `select`.

Veamos un ejemplo:

```html
1.  <label for="comunidad">Seleccione una Comunidad:</label>
2.  <select id="comunidad">
3.      <option value="1">Andalucía</option>
4.      <option value="2">Aragón</option>
5.      <option value="3">Asturias, Principado de</option>
6.      <option value="4">Balears, Illes</option>
7.      <option value="5">Canarias</option>
8.      <option value="6">Cantabria</option>
9.      <option value="7">Castilla y León</option>
10.     <option value="8">Castilla - La Mancha</option>
11.     <option value="9">Cataluña</option>
12.     <option value="10">Comunitat Valenciana</option>
13.     <option value="11">Extremadura</option>
14.     <option value="12">Galicia</option>
15.     <option value="13">Madrid</option>
16.     <option value="14">Murcia</option>
17.     <option value="15">Navarra</option>
18.     <option value="16">País Vasco</option>
19.     <option value="17">Rioja, La</option>
20.     <option value="18">Ceuta</option>
21.     <option value="19">Melilla</option>
22. </select>
```

Seleccione una Comunidad:

Figura 1.43. Ejemplo de un *select.*

Y al hacer clic sobre el *select,* se mostrarían todas las opciones.

Seleccione una Comunidad:

Figura 1.44. Ejemplo de un *select* desplegado.

Dentro de la etiqueta <*select*> se puede utilizar la etiqueta *optgroup* para crear subgrupos dentro de las opciones del *select*. Imaginemos que queremos hacer un *select* con las siguientes opciones:

- Andalucía
  - Almería
  - Cádiz
  - Córdoba
  - Granada
  - Huelva
  - Jaén
  - Huelva
  - Sevilla
- Extremadura
  - Badajoz
  - Cáceres

Esto se implementaría de la siguiente forma:

```
1.  <select id="provincia">
2.      <optgroup label="Andalucía">
3.          <option value="04">Almería</option>
4.          <option value="11">Cádiz</option>
5.          <option value="14">Córdoba</option>
6.          <option value="18">Granada</option>
7.          <option value="21">Huelva</option>
8.          <option value="23">Jaén</option>
9.          <option value="41">Sevilla</option>
10. </optgroup>
11. <optgroup label="Extremadura">
12.   <option value="06">Badajoz</option>
13.   <option value="10">Cáceres</option>
14. </optgroup>
15. </select>
```

Y quedaría de la siguiente forma:

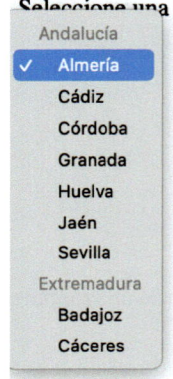

Figura 1.45. Ejemplo de un *select* desplegado y *optgroup*.

Imaginemos el siguiente *select:*

```
1.  <select name="provincias">
2.    <option value="04">Almería</option>
3.    <option value="11">Cádiz</option>
4.    <option value="14">Córdoba</option>
5.    <option value="18">Granada</option>
6.    <option value="21">Huelva</option>
7.    <option value="23">Jaén</option>
8.    <option value="29">Málaga</option>
9.    <option value="41">Sevilla</option>
10. </select>
```

Si nuestro portal lo estamos programando en PHP, cuando enviemos los datos del formulario al servidor, pulsando el botón *submit* podremos obtener el valor seleccionado mediante:

$ _ POST['provincias']
$ _ GET['provincias']

De esta forma, obtendremos el valor de la opción seleccionada. Por ejemplo, si el usuario ha seleccionado la opción "Córdoba", $_POST['provincias'] devolvería el valor 14.

Por otra parte, mediante JavaScript podemos asignarle un evento al *select* de tal forma que, cuando el usuario cambie de opción en el *select,* se active una función en JavaScript. Veamos un ejemplo de formulario en el cual, cada vez que el usuario cambie de opción de *select,* se muestra una ventana indicando el valor de la opción seleccionada.

```
1.   <html>
2.   <head>
3.       <meta charset="utf-8"/>
4.       <script>
5.       function obtenerValor()
6.           {
7.               valor = document.getElementById("provincias").value;
8.               alert(valor);
9.           }
10.      </script>
11.  </head>
12.  <body>
13.      <form>
14.          <select onchange="obtenerValor()" name="provincias" id="provincias">
15.              <option value="04">Almería</option>
16.              <option value="11">Cádiz</option>
17.              <option value="14">Córdoba</option>
18.              <option value="18">Granada</option>
19.              <option value="21">Huelva</option>
20.              <option value="23">Jaén</option>
21.              <option value="29">Málaga</option>
22.              <option value="41">Sevilla</option>
23.          </select>
24.      </form>
25.  </body>
26.  </html>
```

Para recuperar el valor del *select* mediante una función JavaScript, tenemos que utilizar el siguiente código:

```
valor = document.getElementById("campo").value;
```

EJERCICIO RESUELTO

1.1. Utilizando el evento onChange del *input type*="select", crea un formulario con dos *selects,* de tal manera que, al modificar el estado del primero, se modifique el contenido del segundo.

1.3.4. Utilización de casillas de verificación

Por casillas de verificación vamos a distinguir dos tipos, los *checkbox* y los *radiobutton.*

Type checkbox

Los *inputs* de tipo "checkbox" permiten al usuario elegir ninguna, una o más opciones de un listado de opciones.

Veamos como quedaría un *input* de tipo *checkbox:*

```
1.  <form name="formularioCheckbox">
2.    Seleccione algún tema de interés:<br>
3.  <input type="checkbox" name="interes1" value="politica">Política
4.  <input type="checkbox" name="interes2" value="naturaleza">Naturaleza
5.  <input type="checkbox" name="interes3" value="viajes">Viajes
6.  <input type="checkbox" name="interes4" value="tic">Nuevas tecnologías
7.  </form>
```

Veamos cómo el parámetro *name* tiene que ser diferente para cada *checkbox,* aunque todos estén relacionados. En el ejemplo anterior nosotros hemos optado por utilizar una palabra clave seguida de un número creciente.

Nuestra web tendría el siguiente aspecto:

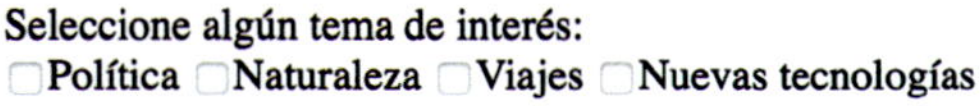

Seleccione algún tema de interés:
☐Política ☐Naturaleza ☐Viajes ☐Nuevas tecnologías

Figura 1.46. Ejemplo de *checkbox.*

Para obtener el valor del *checkbox* elegido, dependiendo del lenguaje de programación que utilicemos se hará de distinta forma.

Si al hacer submit se envían los datos a página en PHP tendremos que obtener el valor con el método:

$ _ POST['interes1']

$ _ POST['interes2']

$ _ POST['interes3']

$ _ POST['interes4']

La función anterior nos devolverá una cadena de texto vacía, si la opción no está elegida, y el valor de la etiqueta *value* en caso de que la casilla si esté seleccionada. En el caso anterior devolverá "", "naturaleza", "viajes" y "tec". Dependiendo del método utilizado en el formulario para enviar los datos, tendremos que utilizar $_POST o $_GET.

En JavaScript, para acceder al valor seleccionado podemos hacerlo de varias formas.

Si queremos saber si un *checkbox* está seleccionado o no, bastaría utilizar el siguiente comando:

```
document.nombreFormulario.nombreCheckbox.checked
```

El comando anterior devolverá *true* si está seleccionado o *false* en caso contrario. nombreFormulario sería el nombre del valor que hemos utilizado en el parámetro *name* de la etiqueta *form* y nombreCheckbox el nombre que hemos asignado en el parámetro *name* de la etiqueta *checkbox.* Por ejemplo, en el caso anterior podríamos utilizar:

```
document.formularioCheckbox.interes1.checked
```

Para saber si la casilla de selección etiquetada como Política está activada o no.

Si por el contrario queremos obtener el valor, tendríamos que utilizar la siguiente línea de código:

```
document.nombreFormulario.nombreCheckbox.value
```

Por ejemplo, en el ejemplo anterior, si utilizáramos:

```
document.formularioCheckbox.interes1.value
```

Nos devolvería la cadena de texto "política", aunque este *checkbox* no esté seleccionado.

Type radio

Los *inputs* de tipo *radio* permiten elegir al usuario una opción, y solo una, de entre varias.

```
1. <form>
2.   ¿Desea recibir publicidad?
3.   <input type="radio" name="publicidad" value="si">Sí
4.   <input type="radio" name="publicidad" value="no" checked>No
5. </form>
```

A diferencia de lo que ocurre en los *checkbox,* en los *radiobutton,* todos los que pertenezcan al mismo grupo tendrán que tener el mismo nombre, ya que en este caso los *radiobutton* actúan como una única opción, puesto que el usuario podrá seleccionar solo una de todas las posibles opciones del grupo.

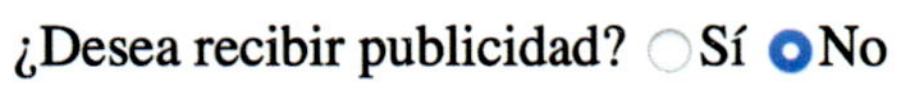

¿Desea recibir publicidad? ○ Sí ◉ No

Figura 1.47. Ejemplo de *radiobutton.*

Si en el ejemplo anterior enviamos los datos a una página en PHP, podríamos acceder al valor del *radiobutton* seleccionado mediante el comando:

$ _ POST['publicidad] o $ _ GET['publicidad]

En el ejemplo anterior nos devolvería la cadena de texto "No".

Acceder al *radiobutton* desde JavaScript puede ser un poco más complejo al principio, ya que, al pertenecer todos los *radiobutton* al mismo grupo con el mismo nombre, para saber cuál es el que está seleccionado tenemos que hacer un recorrido por todos ellos, ver cuál está seleccionado y obtener su valor. Veamos cómo se podría hacer para el ejemplo anterior.

```
1.  for (i=0;i<document.formularioChecked.publicidad.length;i++){
2.          if(document.formularioChecked.publicidad[i].checked==true)
3.  alert(document.formularioChecked.publicidad[i].value);
4.  }
```

Con el código anterior estamos recorriendo todos los *radiobutton,* viendo si está chequeado (*checked==true*) y, en caso de que si lo esté, mostramos su valor por pantalla con un *alert*.

1.3.5. Utilización de campos de texto

TextArea

El TextArea permite definir un campo de texto con múltiples filas. Se utiliza para textos amplios.

En los TextArea se puede definir el ancho de la caja de texto indicando su tamaño en el parámetro *cols,* siendo este un número entero que indica el ancho en número de caracteres. También permite definir el alto de la caja de texto mediante el parámetro *rows,* que nos permite indicar el número de filas que tendrá la caja de texto.

Imaginemos el siguiente ejemplo de caja de texto:

```
1.  <form name="formularioChecked" method="post|get">
2.      <textarea cols="60" rows="10" name="cajaTexto"></textarea>
3.      <input type="submit" value="Enviar">
4.  </form>
```

Para obtener el valor del TextArea, si estamos procesando los datos en una página en PHP en el servidor bastaría con utilizar:

$ _ POST['cajaTexto'] o $ _ GET['cajaTexto']

Utilizaríamos $_POST si el atributo *method* de la etiqueta *form* hubiera sido POST y $_GET si el atributo hubiera sido GET.

Si por el contrario queremos acceder a la caja de texto desde JavaScript, bastaría con utilizar el comando.

```
document.formularioChecked.cajaTexto.value;
```

También podemos asignarle un valor de forma dinámica desde JavaScript, al igual que a todas las cajas de texto, de la siguiente forma:

```
document.formularioChecked.cajaTexto.value="Nuevo texto";
```

Input type text

El *input* de tipo *text* es uno de los más utilizados, ya que permite introducir un texto de caracteres alfanumérico en el formulario.

Veamos un ejemplo de su utilización:

```
1.  <form>
2.      Introduzca su email:<br>
3.      <input type="text" name="txtName">
4.  </form>
5.
```

Siendo la etiqueta <form> la etiqueta que indica que todo lo que haya entre esta y la de cierre (</form>) será un formulario. La etiqueta <br> introduce un salto de línea (*más adelante veremos otra forma de generar etiquetas para los distintos ítems de los formularios, pero mientras tanto utilizaremos este formato*). Y por último, la etiqueta <input type="text" name="txtName"> dibuja en el formulario la caja de texto.

El código mostraría el siguiente formulario:

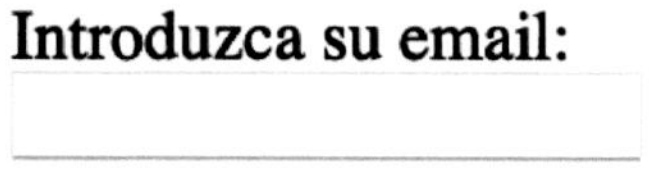

Introduzca su email:

Figura 1.48. Ejemplo de *input text*.

Para obtener el valor del *input*, si estamos procesando los datos en una página en PHP en el servidor, bastaría con utilizar:

```
$ _ POST['txtName']  o  $ _ GET['txtName']
```

Si por el contrario queremos acceder a la caja de texto desde JavaScript, bastaría con utilizar el comando:

```
document.nombreFormulario.txtName.value;
```

También podemos asignarle un valor de forma dinámica desde JavaScript, al igual que a todas las cajas de texto, de la siguiente forma:

```
document.nombreFormulario.txtName.value="Nuevo valor";
```

Input type password

El *input* de tipo *password* define un campo en el que lo que se escriba en él se mostrará oculto bajo asteriscos o cualquier otro carácter.

Veamos un ejemplo de su utilización:

```
1. <form>
2. Introduzca su contraseña:<br>
3. <input type="password" name="txtPassword">
4. </form>
```

Mostrándose en la web de la siguiente forma:

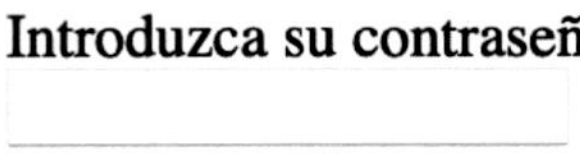

Introduzca su contraseña:

Figura 1.49. Ejemplo de *Input type password*.

Vemos que si intentamos escribir algún texto en el campo de tipo *password,* el contenido se nos mostrará oculto.

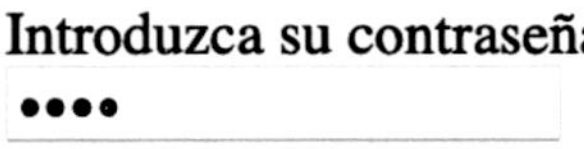

Introduzca su contraseña:
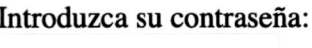

Figura 1.50. Ejemplo de *input de type password*.

Cuando utilicemos un *input* de tipo *password* es aconsejable enviar los datos al servidor mediante el método POST, ya que así los datos van ocultos, a diferencia de lo que ocurre con el método GET. También conviene señalar que el método POST no garantiza la privacidad, ya que para ello tendríamos que enviar los datos encriptados y utilizar un protocolo de conexión segura.

Para obtener el valor introducido por el usuario en el *input password,* bastaría con utilizar el método:

```
$_POST['nombreCampoPassword']
```

Si la respuesta la recibe una página escrita en PHP, y si queremos obtenerla en JavaScript, bastaría con poner:

```
document.nombreFormulario.nombreInputPassword.value;
```

Input type file

Los *inputs* de tipo *file* permiten al usuario elegir un fichero de su ordenador para subirlo a la web. Son muy útiles para formularios en los que haya que adjuntar documentación o subir alguna imagen.

La sintaxis para utilizar este tipo de *input* sería como la siguiente:

```
1.  <form>
2.  Suba una foto suya:
3.   <input type="file" name="fichero">
4.  </form>
```

Quedando en nuestra web de la siguiente forma:

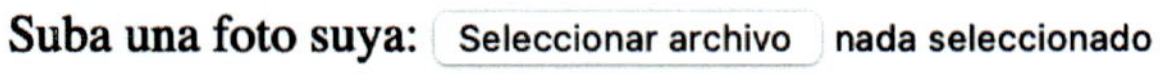

Suba una foto suya: [Seleccionar archivo] nada seleccionado

Figura 1.51. Ejemplo de *input type file*.

Los *inputs* de tipo *file* permiten subir ficheros al servidor, pero por sí solos no hacen nada, tenemos que programar el funcionamiento del botón. El *input* lo único que permite es mostrar los archivos del disco duro local y seleccionar un fichero determinado.

Input type hidden

Es muy habitual que a la hora de diseñar un formulario, por motivos funcionales, se necesite tener datos guardados que el usuario no tiene por qué conocer. Para poder guardar estos datos, es necesario tener una variable para cada uno de ellos. Por este motivo, dichas variables serán definidas como ocultas, para que el usuario no conozca su existencia y no le aparezca como un campo por rellenar en el formulario.

Basta con definir la variable de la siguiente forma:

```
<input type="hidden" name="idSesion" value=""/>
```

En el formulario no aparecerá visualmente la variable idSesion.

El *input* de tipo *hidden* se trata exactamente igual que un *input* de tipo *text*. La única particularidad es que está oculto para el usuario y se utiliza para funciones que deben de ser transparentes para el usuario.

1.4. Formularios y eventos. Criterios de accesibilidad y usabilidad en el diseño de formularios

La usabilidad de una página web hace referencia a la facilidad de uso de la misma. Una página web usable puede ser motivo de éxito frente a su competencia. Por este motivo es fundamental que cuando diseñemos una página web tengamos en cuenta su usabilidad desde el momento inicial de diseño.

La accesibilidad web nos permite acceder a una página web independientemente del *hardware, software,* infraestructura de red, idioma, cultura, localización geográfica y capacidades de los usuarios.

El W3C, que es el consorcio que se encarga de velar por el desarrollo de la World Wide Web, desarrolló una Iniciativa de Accesibilidad Web (WAI), cuyo objetivo es desarrollar unas pautas de accesibilidad que garanticen el acceso universal a la web.

En los próximos subepígrafes vamos a ver cómo podemos mejorar la usabilidad y la accesibilidad de los formularios web.

1.4.1. Agrupación de datos

A la hora de diseñar un formulario es conveniente que los datos que se soliciten estén agrupados por afinidad. Si por ejemplo estamos haciendo un formulario para darnos de alta en una asociación que nos va a enviar cartas a nuestro domicilio, las casillas relacionadas con los datos de la dirección postal tendrán que estar juntas. Por otra parte, sería conveniente agrupar las casillas de información por bloques.

Veamos el siguiente formulario:

Figura 1.52. Ejemplo de formulario web.

Aunque es un formulario válido, vamos a ver cómo podríamos mejorar la usabilidad del formulario anterior mediante la agrupación de campos y un mejor diseño del mismo.

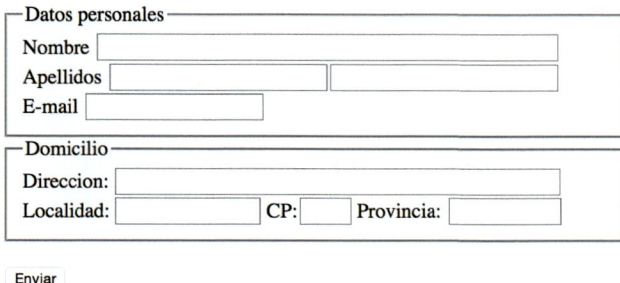

Figura 1.53. Ejemplo formulario web agrupado.

Vemos cómo simplemente con la agrupación de los datos obtenemos un formulario mucho más intuitivo y usable.

La agrupación de datos en un formulario es posible mediante la utilización de la etiqueta <fieldset> a la cual se le puede asignar una leyenda informativa utilizando la etiqueta <legend> dentro de esta.

<fieldset>

<legend>Texto informativo de la agrupación de datos</legend>

……

</fieldset>

Veamos el formulario anterior cómo quedaría en HTML.

```
1.      <form>
2.          <fieldset>
3.              <legend>Datos personales</legend>
4.              <label for="nombre">Nombre</label>
5.              <input name="nombre" type="text" size="54"><br>
6.
7.              <label for="apellidos">Apellidos</label>
8.              <input name="apellidos" type="text" size="25">
9.              <input type="text" size="26"><br>
10.
11.     <label for="email">E-mail</label>
12.     <input name="email" type="text"><br>
13.  </fieldset>
14.
15.  <fieldset>
16.     <legend>Domicilio</legend>
17.     <label for="direccion">Dirección</label>
18.     <input type="text" name="direccion" size="52"><br>
19.
20.     <label for="localidad">Localidad</label>
21.     <input name="localidad" type="text" size="16">
22.
```

```
23.    <label for="cp">CP</label>
24.    <input name="cp" type="text" size="5">
25.
26.    <label for="provicia">Provincia</label>
27.    <input name="provincia" type="text" size="13"><br>
28.    </fieldset>
29.
30.    <br>
31.    <input type="submit" value="Enviar" />
32. </form>
```

1.4.2. Adecuación del tamaño del formulario (división en distintas páginas)

En numerosas ocasiones la información solicitada es bastante amplia, por lo que el tamaño del formulario es extenso. Cuando se trata de un formulario impreso, si este es muy extenso se divide en hojas, ocupando cada hoja como máximo un A4 (tamaño estándar de un folio). En un formulario web, lo ideal es no tener que dividir el formulario por páginas, pero en caso de que sea necesario tenemos que procurar que el contenido de cada página ocupe como máximo la pantalla del ordenador, ya que, si el usuario tiene un formulario muy extenso y además tiene que hacer uso de la barra de *scroll* para poder recorrerlo, la experiencia de usuario puede ser nefasta, lo que puede provocar un abandono del proceso por parte del usuario.

Cuando tengamos un formulario web muy extenso, lo recomendable es dividirlo en varios subformularios, de forma que cada uno ocupe una página diferente y mediante un proceso de navegación podamos ir a la siguiente página.

En todo momento el usuario debe saber en qué punto del proceso se encuentra. Es decir, si el formulario consta de cuatro páginas, y se encuentra en la página dos, debería mostrar un mensaje que informe de ello, como por ejemplo:

Página 2 de 4   **Siguiente**

Figura 1.54. Ejemplo de navegación.

A veces es aconsejable dividir el formulario por temática. Si vamos a diseñar un formulario en el que queremos hacer una serie de preguntas sobre hábitos y rutinas del usuario, lo conveniente sería que la primera página sirviera para solicitar los datos personales del usuario y las consecutivas contuvieran las preguntas sobre hábitos y rutinas.

Es conveniente que, una vez finalizado el formulario, antes de confirmar los datos se muestre un resumen de lo contestado por el usuario y que, en el caso de que no esté de acuerdo con algún dato, pueda modificarlo sin problema, sin necesidad de repetir todo el formulario.

Si diseñamos un formulario en varias páginas, tenemos que tener en cuenta que los navegadores web no tienen memoria, es decir, que los datos que introduzca el usuario en una página, al pasar a la siguiente, se perderán. Para solucionar esto tenemos que pasar la información introducida por el usuario en una página del formulario a las siguientes páginas, haciendo uso de variables ocultas para guardar dicha información en cada página.

1.4.3. Identificación de los campos obligatorios

En ocasiones hay información que es obligatorio que sea introducida por el usuario. Por ejemplo, si es un formulario de registro y como *login* de usuario se utiliza el *e-mail,* este será un campo obligatorio, así como la contraseña de usuario.

Existen varias formas de indicar la obligatoriedad de los campos en función del instante en el que se informe al usuario de la misma.

- Informar antes de enviar el formulario: es decir, aquellos campos que sean obligatorios deberán de tener una señal visual que informe de ello. Se puede utilizar una regla de estilo que cambie el color de los campos que son obligatorios, así como añadir un mensaje de texto o un símbolo (como un asterisco) que informe de ello.

- Informar una vez enviado el formulario de aquellos campos que no se han rellenado y eran obligatorios. Esta información se puede hacer de varias formas, una de ellas es mediante una ventana que informe de los campos obligatorios. Esta opción no la recomendamos, puesto que si el usuario tiene un bloqueador de *pop ups,* podría no recibir dicha información. Además, los navegadores de los dispositivos móviles no son "muy amigos" de este tipo de ventanas. Otra opción es cambiar el color de las cajas de texto que no se rellenaron e informar de que son obligatorias.

Veamos algunos ejemplos de cómo informar de la obligatoriedad de los campos:

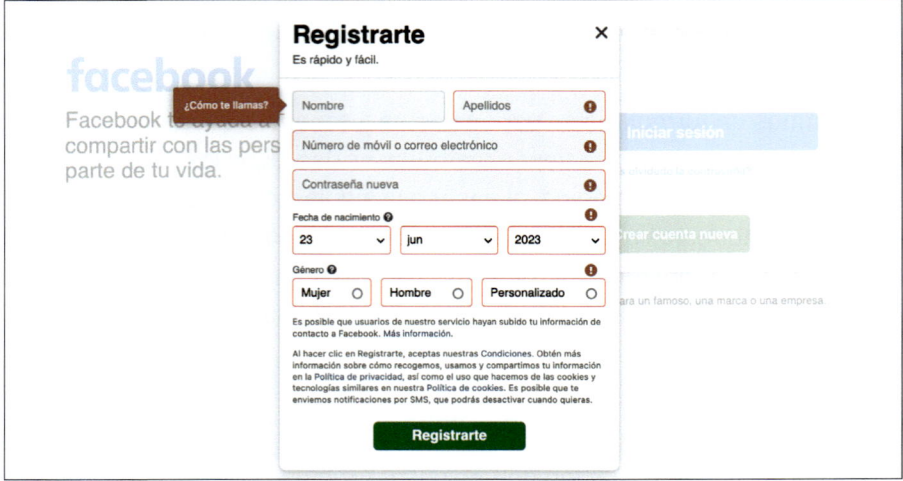

Figura 1.55. Ejemplo de campos obligatorios.

Para conseguir el efecto anterior, tenemos que hacer uso de hojas de estilo CSS, que nos permitan cambiar el color de los *ítems* del formulario y JavaScript para hacer la verificación.

Veamos un ejemplo sencillo de un formulario en el que mediante JavaScript se verifica si se han introducido todos los campos obligatorios, y en caso de no ser así, se mostraría un mensaje al usuario y se cambiaría el color de los campos obligatorios poniendo un borde de color rojo.

El primer indicador que usamos es poner un asterisco en cada uno de los campos obligatorios e indicar debajo con una leyenda el significado de dicho asterisco.

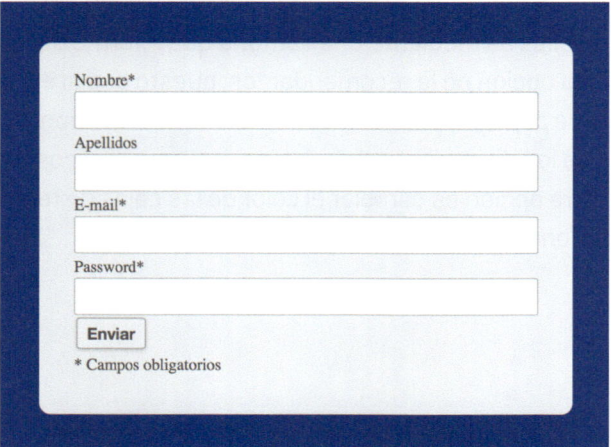

Figura 1.56. Ejemplo de campos obligatorios.

El código del formulario anterior sería el siguiente:

```
1.  <form action="altaUsuario.php" name="fmAlta" method="post" onsubmit="return
    verificarFm();">
2.    <div class="formulario">
3.       <label class="etiqueta" for="nombre">Nombre*</label>
4.       <input name="nombre" id="nombre" class="cajaTexto" type="text"><br>
5.
6.       <label class="etiqueta" for="apellidos">Apellidos</label>
7.       <input name="appelidos" id="apellidos" class="cajaTexto" type="text"><br>
8.
9.       <label class="etiqueta" for="email">E-mail*</label>
10.      <input name="email" id="email" class="cajaTexto" type="text"><br>
11.
12.      <label class="etiqueta" for="password">Password*</label>
13.      <input type="password" id="password" class="cajaTexto" name="password">
14.
15.      <input class="boton" type="submit"  value="Enviar"/><br>
16.      <p class="etiqueta">* Campos obligatorios</p><br>
17.    </div>
18. </form>
```

El siguiente paso es utilizar una función JavaScript, de manera que cuando pulsemos el botón "Enviar" verifique si están cubiertos todos los campos que son obligatorios y, en caso contrario, mostraría un mensaje al usuario y cambiaría el color del borde de los campos obligatorios por un borde de color rojo. Dicha función tendría el siguiente código:

```
1.  function verificarFm()
2.          {
3.
4.              email = document.fmAlta.email.value;
5.              telefono = document.fmAlta.telefono.value;
6.              exprEmail = /^([a-zA-Z0-9_\.\-])+\@(([a-zA-Z0-9\-])+\.)+([a-
    zA-Z0-9]{2,4})+$/;
7.              exprTelefono = /^\d{9}$/;
8.              if ( !exprEmail.test(email) || !exprTelefono.text(telefono) )
9.                return false;
10.             else
11.               return true;
12.
13.         }
```

Aunque no es el objetivo de este manual, para darle el efecto a las cajas de texto utilizaríamos las siguientes clases en la hoja de estilo CSS.

```
1.  .cajaTexto
2.  {
3.      font-size: 16px;
4.      font-weight: normal;
5.      color: #434649;
6.      padding: 6px 0px 0px 0px;
7.      border-radius: 2px;
8.      background: #FFF;
9.      border: 1px solid #bfbfbf;
10.     height: 32px;
11.     width: 100%
12. }
13. .cajaTextoRojo
14. {
15.     font-size: 16px;
16.     font-weight: normal;
17.     line-height: 18px;
18.     color: #434649;
```

```
19.      padding: 6px 0px 0px 0px;
20.      border-radius: 2px;
21.      background: #FFF;
22.      border: 1px solid #921016;
23.      height: 32px;
24.      outline: 0;
25.      position: relative;
26.      width: 100%;
27. }
```

El resultado de enviar el formulario sin rellenar los datos obligatorios sería el siguiente:

• Primero muestra una alerta informando de los campos que son obligatorios. Recordamos que no es aconsejable este tipo de alertas, ya que podría darnos problemas con los dispositivos móviles, lo incluimos en este ejemplo solo a modo de ejemplo.

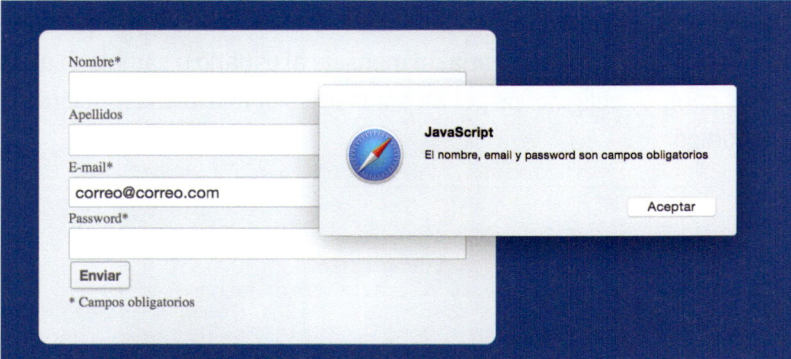

Figura 1.57. Mensaje de error.

• Una vez informado el usuario, se cambiaría el estilo de las cajas de texto para que el color del borde sea rojo, indicando su obligatoriedad.

Figura 1.58. Estilos de las cajas de texto de color rojo.

Este control de errores lo hemos realizado en el lado del cliente (desde el navegador web). Esto tiene la ventaja de que no sobrecarga al servidor con peticiones incompletas.

Si queremos comprobar que un *checkbox* o un *radiobutton* está seleccionado, bastaría con utilizar un código fuente como el que sigue:

Para un *checkbox*:

```
1.  varCheckbox = document.nombreFormulario.nombreCheckbox;
2.  if( !varCheckbox.checked ) {
3.    return false;
4.  }
```

Para un *radiobutton*:

```
1.  varRadio = document.nombreFormulario.nombreVarRadio;
2.  var seleccionado = false;
3.  for(var i=0; i< varRadio.length; i++) {
4.    if(varRadio [i].checked) {
5.      seleccionado = true;
6.      break;
7.    }
8.  }
9.
10. if(!seleccionado) {
11.   return false;
12. }
```

Si quisiéramos realizar la comprobación en el lado del servidor, bastaría con hacer las verificaciones oportunas en la página del lado del servidor que procese los datos y enviar un mensaje informativo en el caso de que no se hayan introducido los datos correctamente.

Veamos un ejemplo de código de verificación de errores en el lado del servidor en una función PHP.

```
1.  <?php
2.
3.  if(empty($_POST['nombre']) || empty($_POST['email']) || empty($_POST['pa
    ssword']))
4.  {
5.    header("Location:campos.php?error=camposIncompletos");
6.
7.  }
8.  ?>
```

La función anterior verifica si el nombre, *e-mail* o *password* están vacíos y, en caso de que lo estén, vuelve a la página del formulario inicial devolviendo el mensaje de error "camposincompletos".

En HTML5, la obligatoriedad de los campos se puede indicar de forma nativa mediante el atributo *required*.

```
<input name="nombre" id="nombre" class="cajaTexto" type="text" required>
```

De esta forma, la funcionalidad de nuestro formulario se ve implementado de una forma mucho más sencilla. En la siguiente imagen vemos cómo se nos mostraría el error utilizando el atributo *required.*

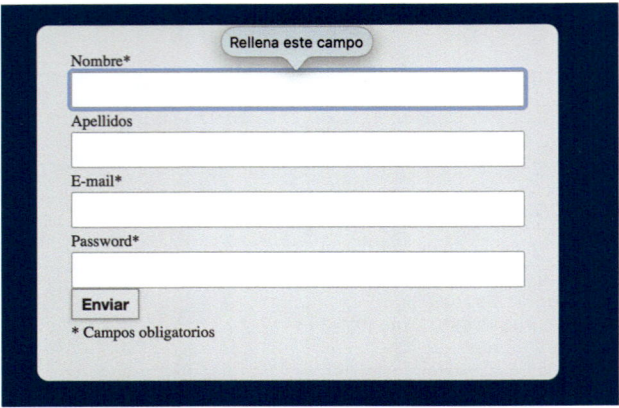

Figura 1.59. Error mostrado al poner un *input* como *required.*

1.4.4. Ordenación lógica de la petición de datos

Aunque el orden de la petición de datos no tiene por qué influir en el resultado final, un orden lógico sí mejora la usabilidad de nuestra web.

Por ejemplo, si solicitamos los datos del domicilio de una persona, no tiene sentido que lo primero que pidamos en el formulario sea la provincia, luego el código postal, luego el municipio y, por último, la dirección, ya que estamos acostumbrado a introducir siempre primero nuestra dirección (calle, avenida, etc.), luego el municipio y el código postal y, por último, la provincia, ya que este es el orden lógico que se utiliza para escribir nuestra dirección en un sobre postal, por ejemplo. Además, siempre es conveniente ir de lo particular a lo general o viceversa.

El orden de los datos también puede servir para ganarnos la confianza del usuario. Por ejemplo, si estamos ante un formulario en el que vamos a solicitar datos sensibles, como por ejemplo la cuenta bancaria, sería conveniente que esta se solicitara al final, ya que, si es el primer dato que pedimos, el usuario podría desconfiar.

En aquellas listas desplegables de opciones <select> en las que tengamos muchas opciones, lo más adecuado es ordenar sus elementos por orden alfabético. Por ejemplo, si tenemos un *select* con todas las provincias españolas, lo más conveniente sería que estas estuvieran ordenadas alfabéticamente.

Aparte de dar un orden lógico a los elementos del formulario, podemos mejorar la usabilidad y la accesibilidad mediante los parámetros `tabindex` y el `acceskey`. Estos parámetros facilitan la interacción del usuario con la web mediante la utilización del teclado.

Tabindex

Cuando estamos en un formulario web podemos cambiar de campo mediante la tecla tabulador del teclado de texto. Esto facilita la interacción con el atributo, ya que el usuario que está rellenando un formulario de texto no tiene que alternar entre el teclado y el ratón.

El atributo *tabindex* permite indicar el orden de los elementos a la hora de cambiar con el tabulador y evitar que sea el propio navegador el que establezca el orden.

El atributo *tabindex* va seguido de un número entero comprendido entre 1 e infinito y que indica el orden que ocupan los *ítems* en el formulario a la hora de movernos por él con el tabulador.

```
<input type="text" name="nombre" tabindex="1" />
```

Tenemos que procurar que el orden de tabulación sea el mismo que el orden visual, ya que podríamos confundir al usuario si cada vez que pulse el tabulador el salto del cursor es imprevisible.

Es decir, el primer *input* que tenga el *tabindex* número 1; el segundo, el número 2 y así sucesivamente.

Accesskey

El atributo *accesskey* permite definir una combinación de teclas para acceso rápido a los *ítems* del formulario.

Por ejemplo, si queremos que se pueda enviar el formulario haciendo clic en el ratón *submit* o pulsando la combinación de teclas Y más la tecla de comando del sistema operativo que utilicemos, por ejemplo, tendríamos que asignarle al *input* de tipo *submit* la combinación de teclas de la siguiente forma:

```
<input type="submit" acceskey="y" value="enviar"/>
```

Para acceder al botón *submit* del ejemplo anterior, donde la tecla *accesskey* es la "y" en **Safari, Internet Explorer** y **Google Chrome**, tendríamos que pulsar la tecla `Alt+y`, mientras que en **Mozilla Firefox** tendríamos que pulsar `Alt+Shift+y`.

1.4.5. Información correcta al usuario

Cuando diseñamos un formulario tenemos que hacerlo teniendo en cuenta siempre al usuario, de forma que el proceso le resulte sencillo.

Para ello, es conveniente informar al usuario en todo momento de lo que ha hecho bien y de lo que ha hecho mal.

Si, por ejemplo, en el formulario se pide correo electrónico, nuestro formulario tiene que ser capaz de comprobar que lo que ha introducido el usuario es un *e-mail* válido.

JavaScript es un lenguaje de programación que se utiliza principalmente en el lado del cliente y que permite mejorar la interacción entre el usuario y la web, así como la creación de aplicaciones web.

Dentro del amplio abanico de opciones que ofrece JavaScript, permite asignar eventos a los controles de formulario, de tal forma que, cuando el usuario haga clic sobre un elemento del formulario, cambie su estado o simplemente ponga el foco sobre el mismo, pueda ejecutarse una función JavaScript.

Imaginemos que queremos validar los datos antes de enviarlos al servidor en el lado del cliente. Para no sobrecargar el servidor con validaciones que podrían hacerse en el navegador del cliente, podríamos hacer uso de eventos en JavaScript y mostrar un mensaje de error al usuario en el caso de que los datos introducidos sean incorrectos.

Los eventos más utilizados en JavaScript son los siguientes:

- *Onclick:* se activa al hacer clic sobre el ítem.

- *Onchange:* se activa al modificar el ítem.

- *Onfocus:* se activa al poner el cursor sobre el ítem.

- *Onblur:* se activa cuando el foco deja de estar en el ítem.

- *Onsubmit:* se activa al hacer un *submit*.

- *Onkeypress:* se activa al hacer clic en una tecla determinada.

Con el lenguaje JavaScript podemos informar, sin necesidad de enviar la información al servidor, de que la información introducida por el usuario es la correcta.

Veamos un ejemplo: vamos a hacer un formulario en el que solicitaremos nombre y apellidos, *e-mail* y teléfono al usuario. Nuestro formulario verificará que el *e-mail* y el teléfono son válidos antes de enviar los datos al servidor.

```
1.  function verificarFm()
2.  {
3.      //Obtenemos el e-mail y el teléfono introducido por el usuario
4.      email = document.fmAlta.email.value;
5.      telefono = document.fmAlta.telefono.value;
6.
7.      //Definimos las expresiones regulares del e-mail y del telefono
8.      exprEmail = /^([a-zA-Z0-9_\.\-])+\@(([a-zA-Z0-9\-])+\.)+([a-zA-Z0-
    9]{2,4})+$/;
9.      exprTelefono = /^\d{9}$/;
10.
11.     //Verificamos que las valores introducidos satisfacen las
    expresiones regulares
12.     if (!exprEmail.test(email) || !exprTelefono.text(telefono) )
13.         return false;
14.     else
15.         return true;
16. }
```

Para que se hagan las verificaciones anteriores, al formulario tendríamos que agregarle el evento *onsubmit* con una llamada a la función anterior, de la siguiente forma:

```
<form ... onsubmit="return verificarFm();">
```

A partir de HTML5, esta verificación se puede hacer de forma nativa. Por ejemplo, si queremos indicar que el campo es un *e-mail,* podríamos hacerlo de la siguiente forma:

```
<input type="text" pattern="^[a-zA-Z0-9.!#$%&'*+/=?^_`{|}~-]+@[a-
zA-Z0-9-]+(?:\.[a-zA-Z0-9-]+)*$" name="email" required/>
```

Con la expresión anterior verificamos que la dirección introducida sea una dirección de *e-mail* con el formato usuario@url.dominio.

1.4.6. Utilización de páginas de error y de confirmación

Los mensajes de error y de confirmación son una pieza clave dentro de la usabilidad de un sistema informático.

Si el usuario lleva a cabo un proceso de forma telemática y este finaliza correctamente, no basta con volver a la página de inicio, el sistema tendrá que informar al usuario de que todo fue correctamente. Al igual que en el caso contrario. Si la operación no pudo llevarse a cabo, el usuario tendrá que recibir información de lo que ha ocurrido. Lo que nunca debemos permitir es tener ausencia de información por parte de nuestro sistema, ya que, si no, el usuario repetirá en reiteradas ocasiones el proceso sin saber con certeza si ha ido bien o ha ido mal.

Una opción sería mostrar una pantalla informando del resultado del proceso y con opciones de volver a la página donde estaba el formulario. Podemos utilizar páginas como la que mostramos a continuación:

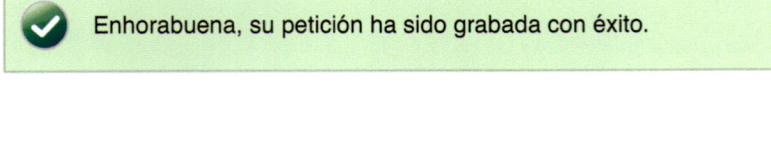

Figura 1.60. Error mostrado al poner un *input* como *required*.

Se recomienda que los mensajes sean claros y concisos.

Debido a que cada vez más usuarios utilizan dispositivos móviles para conectarse a internet, y a que muchas veces lo hacen con tarifas limitadas de datos, el cargar una página solo para mostrar un mensaje de error o un mensaje de confirmación puede ser poco funcional, ya que puede suponer un coste innecesario en la tarifa del usuario. Por esto, recomendamos que se hagan todas las comprobaciones oportunas en el lado del cliente, utilizando por ejemplo JavaScript o algunas de las características que ofrece HTML5, como la etiqueta *required* antes de enviar los datos al servidor y obtener una respuesta incorrecta a la hora de procesar la información, lo que supondría una recarga de página y un gasto de datos innecesario.

EJERCICIOS PROPUESTOS

1.1. Construye un formulario de registro. Los datos solicitados serán, como mínimo, el nombre completo, la dirección, el *e-mail,* teléfono, nombre de usuario y contraseña.

1.2. Adapta el formulario anterior para hacerlo más usable. Agrupa los controles, utiliza funciones en JavaScript para verificar errores, etc.

1.3. Modifica el formulario anterior para que la provincia sea seleccionada con una lista desplegable, en el cual tendrán que aparecer todas las provincias de España.

1.4. Crea un formulario con *radiobutton,* de tal forma que, al elegir una opción de dicho ítem, se muestre una ventana informando de la opción elegida.

1.5. Crea un formulario con al menos cuatro *selects*, de manera que, al pulsar el botón *submit,* muestre por pantalla las opciones seleccionadas.

1.6. Crea un formulario en el que la función del botón *submit* lo haga una imagen.

1.7. Crea un formulario con un ítem externo, como por ejemplo, un mapa de Google Maps.

2. Plantillas en la construcción de páginas web

Contenido

2.1. Funciones y características

2.1.1. Descripción de una plantilla web

Las plantillas web son sitios prediseñados por profesionales diseñadores gráficos, que cuentan con una estructura web que permite desarrollar un sitio web de forma sencilla y ágil, obteniendo resultados muy profesionales.

Pueden existir plantillas web para páginas estáticas, que son aquellas que apenas modifican su contenido, y plantillas web para páginas dinámicas implementadas utilizando algún gestor de contenido como WordPress, Joomla, Drupal o PrestaShop.

> Un gestor de contenido, CMS (*Content Manager System*) en inglés, permite crear, editar, gestionar y publicar contenido en una página web dinámica. Los más extendidos son WordPress, Joomla y Drupal, aunque muchas empresas de *hosting* ofrecen sus propios gestores de contenidos. PrestaShop es otro gestor de contenidos muy utilizado a la hora de crear tiendas *online*.

En internet existen infinidad de plantillas web, algunas de ellas gratuitas y otras de pago, tanto para páginas dinámicas como estáticas. A la hora de diseñar una página web basándonos en una plantilla, tenemos que ver cuál es la que mejor se adapta a nuestro proyecto.

Las plantillas web pueden modificarse, siempre y cuando la licencia de la misma lo permita. Algunas de las tiendas *online* de plantillas web más conocidas son https://themeforest.net y https://www.templatemonster.com/es/. En estas páginas la mayoría de las plantillas son de pago. Aquí os dejamos algunos ejemplos.

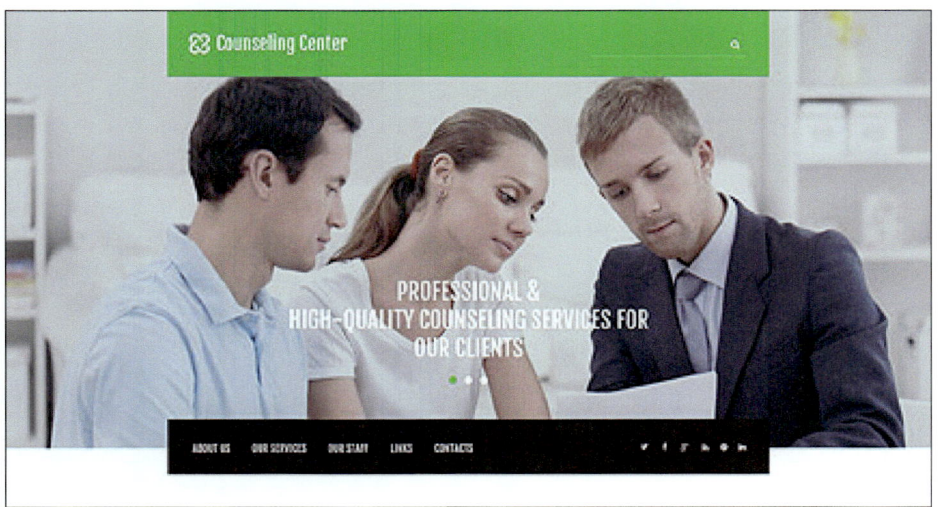

Figura 2.1. Ejemplos de plantillas web.

PRINCIPLES & PRACTICE

Beciegasd ihverib vitaesauuety kertya asel aplicabride enyaviiemo eniqtasades uotruas leytteeteertas bytrasuade vtreasu. tibvde.Vubur aut oditaut, onseipuumtur magni dolores eo qu ratione voluptate mianqui reniciunt, neque potrio quisquam est qui dolorem ipsum, quia dolor.

| LERTUYTAS ORIAS KERTYUYAS FERRIDE BYRAS | MERTASITASE IORAS DELOREAS DASERTM DOLERSE | NEIORAS DELOREAS VIRTASRE RTAS ERTASERTM |

Selytaideras kertya certyuis ervasral. asel aplicabo. Colemionse iqerama ginseras dolores. Seades asoertayse badrem deuysapsum moreasa.

Lerlyuus eriaral seiytaideras kertya asel aplicabo. Teryrionse iqerama ginseras dolores. Seades asoertayse badrem oirease deuytapsum.

Kertya deouuaruer'iyus ervasral dolores. Seades asoertayse badrem neriuyasa veeriuysade.

MEET OUR TEAM

| David Smith | Martin Shepard | Lisa Harrison |

Maselentum ursus eleifer. Aeneaset uriquameras volutjuas kiuas matireus.

Maselentum ursus eleifer. Aeneaset uriquameras volutjuas kiuas matireus.

Maselentum ursus eleifer. Aeneaset uriquameras volutjuas kiuas matireus.

TREAT YOURSELF
AND EACH OTHER WELL!

Feriyase bytraa miertasa leriasa doeras miuaser behgfertas. Maselenenbum ursus eleifer. Aeneao auctor whis et uriquam virat voluípas matireunas. turpineger ruzrues antevlauusque nutbrasa miertasa leriasa dolertas miuaser behgfertas.

Figura 2.1. Ejemplos de plantillas web.

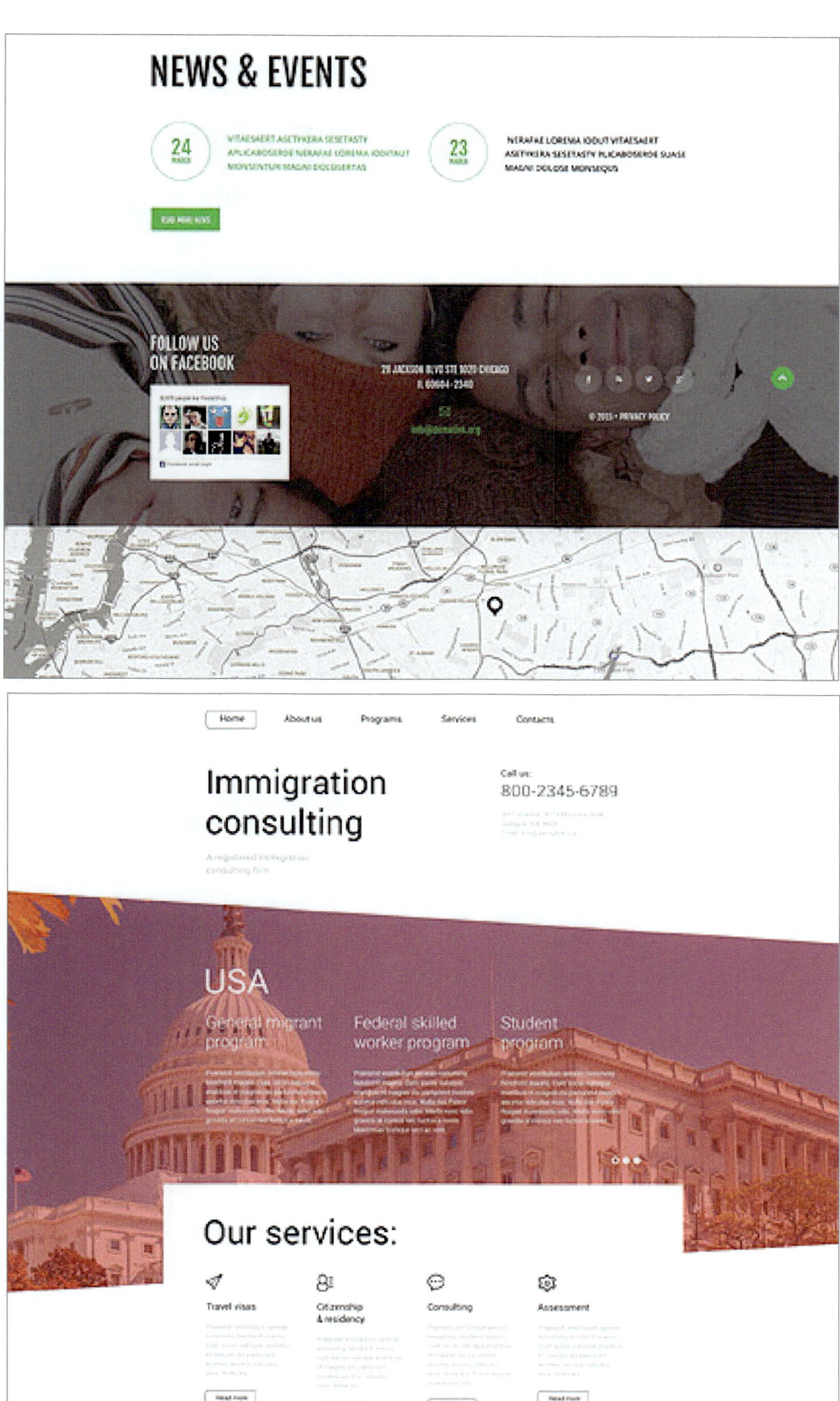

Figura 2.1. Ejemplos de plantillas web.

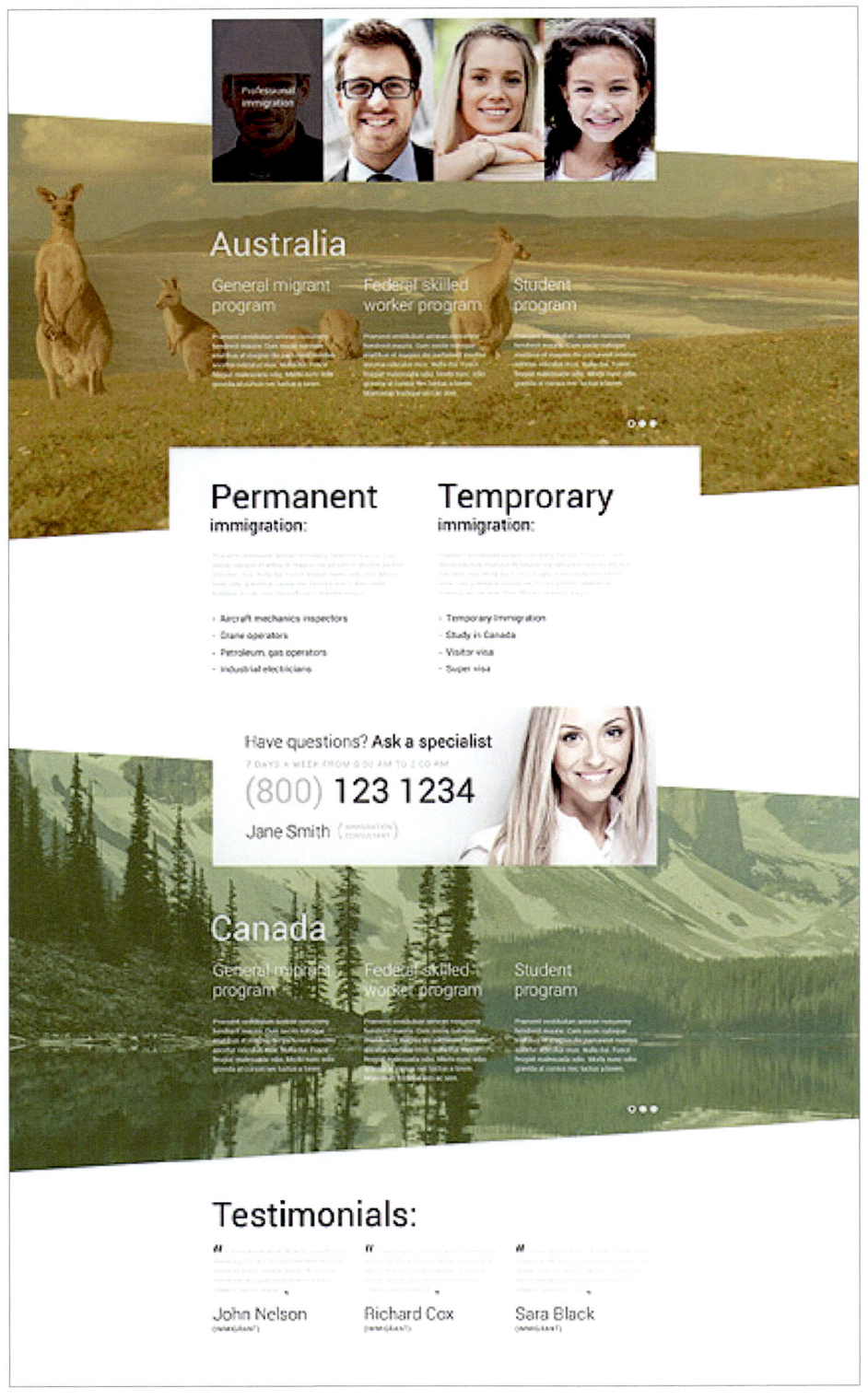

Figura 2.1. Ejemplos de plantillas web.

Tanto en ThemeForest como en TemplateMonster, la mayoría de las plantillas ya vienen con el CMS por defecto, es decir, haríamos una instalación del CMS con la plantilla ya integrada. Cada plantilla se utiliza y ejecuta de una forma, por lo que el lector cuando adquiera una tendrá que ver las instrucciones de instalación y de utilización.

Las plantillas web pueden ser de varios tipos, en función del formato:

- Programadas en HTML+CSS. Esta es la opción más deseable, ya que cumple con los estándares de la W3C, consorcio internacional que genera recomendaciones y estándares para asegurar el crecimiento de la World Wide Web.

- Imágenes en PSD (PhotoShop) con capas que luego tendremos que importar a HTML, podemos encontrar muchos ejemplos en la web https://www.freepik.es/psd/plantillas-web

- Plantillas propias de editores web, como por ejemplo, DreamWeaver, solución de diseño web mantenida por Adobe.

Las plantillas web también nos facilitan la creación de páginas homogéneas. Es decir, utilizar plantillas web tiene la ventaja de que todas las páginas que formen nuestro portal tengan un aspecto similar.

2.1.2. Elementos de una plantilla web

Dependiendo del objetivo de nuestra página web, esta tendrá unos elementos u otros, aunque de forma genérica se pueden identificar algunos elementos de una plantilla web.

De forma genérica, podemos identificar los siguientes elementos en una plantilla web:

- *Menú principal.*
- *Menú secundario.*
- *Zona información.*
- *Panel de* login.
- *Barra de búsqueda.*
- *Publicidad.*

- *Carrito de la compra.*
- *Logotipo.*
- *Panel de lenguaje.*
- *Paneles informativos.*
- *Pie de página.*
- *Redes sociales.*

Hay elementos más genéricos, como por ejemplo, el de Pie de página o la Zona de información. El Pie de página suele contener enlaces a redes sociales, mapas de localización, derechos de autor, menús auxiliares, datos de contacto, etc. La Zona de información, aunque toda la página web sea una zona informativa, se refiere a la información principal del portal.

De la lista de elementos anteriores, habrá ítems que no tengan cabida en la página web que vayamos a diseñar, pero de forma genérica son los elementos que suelen estar presente en una página web.

EJERCICIO PROPUESTO

2.1. Selecciona tres páginas web que visites con frecuencia e identifica los elementos genéricos del listado anterior. Crea un esquema en papel y ubícalos de forma genérica. ¿Qué observas? ¿No te llama la atención que la mayoría de las veces todas las páginas web tienen una estructura funcional similar?

2.1.3. Estructura y organización de los elementos de las plantillas

Cuando creamos la estructura y la organización de una plantilla web tenemos que tener en cuenta la usabilidad, que, como ya vimos, es la facilidad de interacción con nuestra web. Jakob Nielsen, que está considerado una eminencia dentro del mundo de la usabilidad web, definió una serie de normas de usabilidad a la hora de diseñar la interfaz de usuario de una página web. En función de dichas normas, las páginas web podrían dividirse en las siguientes zonas:

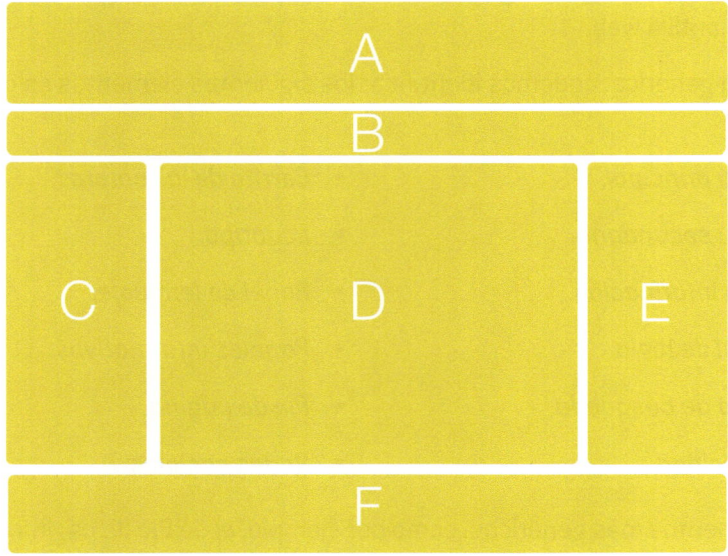

Figura 2.2. Ejemplo de estructura de una plantilla web.

Y en función al estudio de los patrones de comportamiento, el usuario espera encontrar en cada zona un elemento funcional determinado. Por ejemplo, es muy poco frecuente, si estamos ante una página con acceso restringido, que nos encontremos el menú de *login* en la zona F o, por ejemplo, en un portal traducido a varios idiomas es muy extraño encontrarse con el menú de selección de idiomas en la zona C o E.

Estas normas de usabilidad nos facilitarán la selección de contenidos para cada zona de la página. Imaginemos que estamos ante el desarrollo de una tienda virtual en la cual hemos detectado los siguientes elementos funcionales:

1. *Menú de categorías y subcategorías.*

2. *Menú principal.*

3. *Zona información.*

4. *Panel de* login.

5. *Barra de búsqueda.*

6. *Publicidad.*

7. *Logotipo.*

8. *Carrito de la compra.*

9. *Panel de lenguaje.*

10. *Paneles informativos.*

11. *Pie de página.*

12. *Redes sociales: aunque este elemento se considera transversal, ya que está presente en toda la página con la opción de compartir, en este caso nos referimos al acceso a las redes sociales de la empresa.*

Según Nielsen, dichos elementos deberían ubicarse de la siguiente forma, para garantizar una usabilidad aceptable en nuestra web y con ella una correcta experiencia de usuario.

Zona A

La zona A, como puede verse en la siguiente figura, es la situada en la parte superior de la interfaz, y en ella se ubicarán elementos como el logotipo, el panel de idioma y el panel de *login,* estando exenta de molesta publicidad.

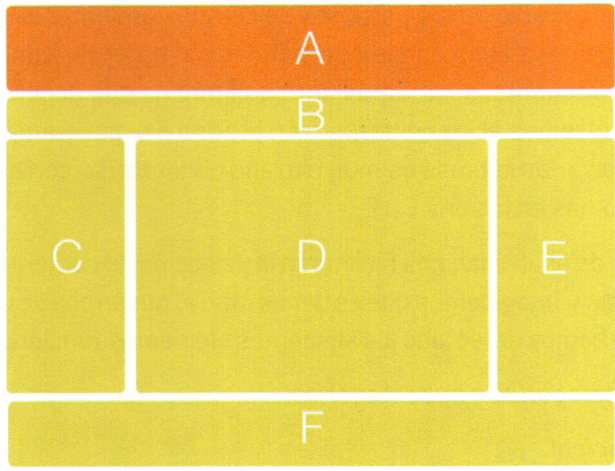

Figura 2.3. Ejemplo de estructura de una plantilla web: zona A.

En esta zona se van a poder ubicar los elementos:

- Logotipo.

- Panel de *login*, siempre y cuando se ubique a la derecha de la zona.

- Panel de lenguaje.

- Redes sociales.

Zona B

La zona B es la que se encuentra entre la zona de cabecera y la parte central de la interfaz.

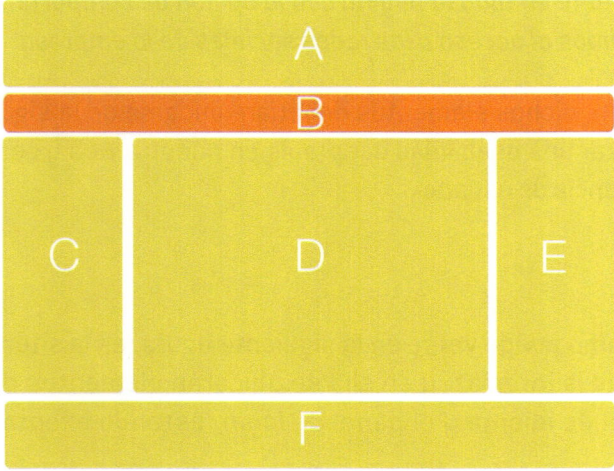

Figura 2.4. Ejemplo de estructura de una plantilla web: zona B.

En esta se pueden ubicar los siguientes elementos:

- Menú de categorías y subcategorías.
- Menú principal.
- Panel de *login*.
- Barra de búsqueda.
- Paneles informativos.

Zona C

La zona C se corresponde con el lateral izquierdo de la interfaz.

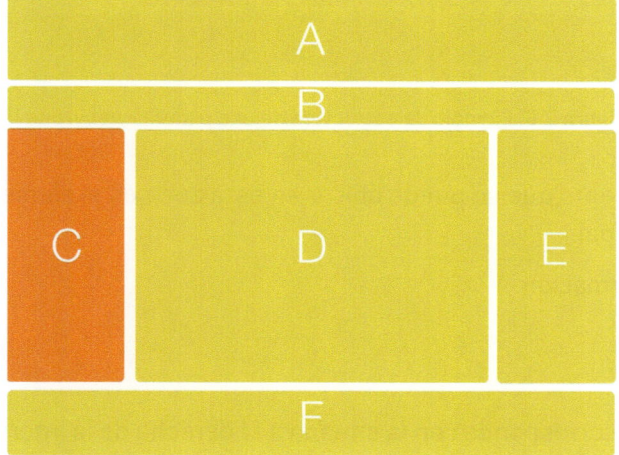

Figura 2.5. Ejemplo de estructura de una plantilla web: zona C.

En esta zona se van a ubicar los siguientes elementos:

- Publicidad.
- Menú de categorías y subcategorías.
- Barra de búsqueda.
- Paneles informativos.
- Redes sociales.

Zona D

La zona D se corresponde con la parte central de la interfaz, y sobre esta solo se deben de mostrar elementos informativos y nada de elementos que puedan distraer la atención del usuario, tales como publicidad o información superficial no relacionada con la tienda.

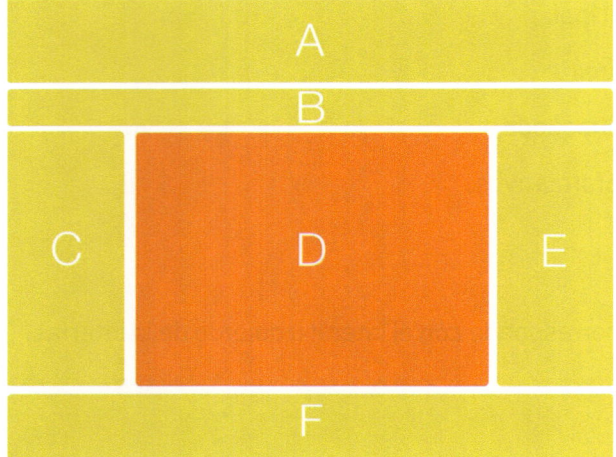

Figura 2.6. Ejemplo de estructura de una plantilla web: zona D.

El único elemento que se puede ubicar en esta zona es el elemento de información principal.

- Zona información.

Zona E

La zona E se corresponde con la situada a la derecha de la interfaz del sistema, como podemos observar en la siguiente figura:

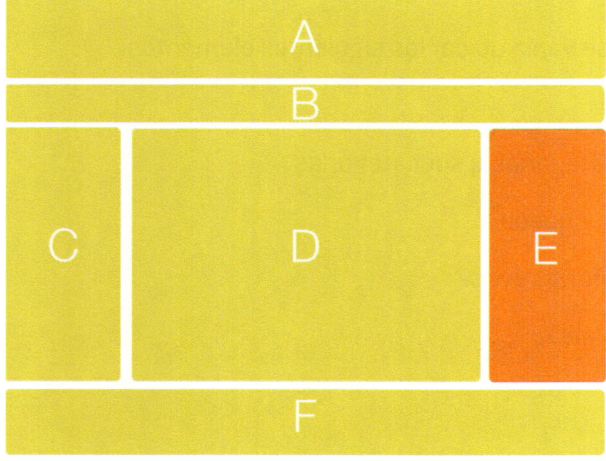

Figura 2.7. Ejemplo de estructura de una plantilla web: zona E.

En esta zona se pueden ubicar los siguientes elementos:

- Publicidad.

- Panel *login.*

- Paneles informativos.

- Carrito de la compra.

- Redes sociales.

Zona F

Esta última zona se corresponde con el pie de página.

Figura 2.8. Ejemplo de estructura de una plantilla web: zona F.

Y en la misma se suelen ubicar los siguientes elementos:

- Pie de página.

- Redes sociales.

Piénsalo, ¿a qué no es normal encontrarse el panel de *login* en la zona F o encontrarse los vínculos a las redes sociales en la zona D? Todo corresponde a un diseño usable de la web.

2.1.4. Especificar las zonas modificables de un plantilla y las partes fijas

Si la plantilla ha sido realizada mediante HTML y CSS se puede editar con cualquier programa de edición web o un editor de texto que permita modificar ficheros de tipo HTML y CSS. En caso de que modifiquemos plantillas HTML+CSS, tenemos que tener en cuenta que podemos modificar cualquier ítem de la plantilla, incluido su estructura.

Si por el contrario lo que estamos es modificando una plantilla en PSD (PhotoShop). La edición se lleva a cabo mediante capas, y todos los elementos son editables.

> Cuando hablamos de zonas editables y no editables en las plantillas web, nos referimos a aquellas plantillas que han sido realizadas con programas específicos como DreamWeaver y que son editables con el mismo programa. Las plantillas realizadas en HTML+CSS y photoshop son editables en su totalidad.

Sin embargo, si la plantilla ha sido realizada por herramientas de diseño como DreamWeaver, la plantilla web puede dividirse de forma genérica en zonas editables, que son aquellas que el usuario que va a utilizar la plantilla puede modificar para crear su proyecto web, y zonas fijas que son aquellas que no puede modificar.

Tal y como se nos muestra en la ayuda oficial de Adobe, al abrir la plantilla DWT se nos mostraría de la siguiente forma:

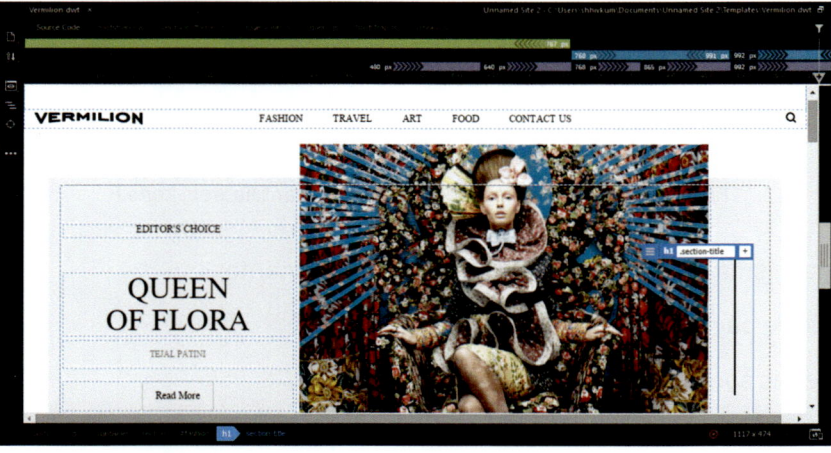

Figura 2.9. Imagen de una plantilla de DreamWeaver. Imagen obtenida en la página de ayuda oficial de DreamWeaver https://helpx.adobe.com/es/support/dreamweaver.html.

En la vista de código, las regiones de contenido editable se marcan en el código HTML mediante los comentarios siguientes:

```
<!-- TemplateBeginEditable> y <!-- TemplateEndEditable -->
```

Quedando de la siguiente forma:

```
1.  <table width="75%"  border="1"  cellspacing="0" cellpadding="0">
2.    <tr bgcolor="#333366">
3.      <td>Name</td>
4.      <td><font color="#FFFFFF">Address</font></td>
5.      <td><font color="#FFFFFF">Telephone Number</font></td>
6.    </tr>
7.    <!-- TemplateBeginEditable name="LocationList" -->
8.    <tr>
9.      <td>Enter name</td>
10.     <td>Enter Address</td>
11.     <td>Enter Telephone</td>
12.   </tr>
13.   <!-- TemplateEndEditable -->
14. </table>
```

Nota: La información de este subepígrafe ha sido obtenida de la web oficial de ayuda de DreamWeaver.

2.1.5. Utilización de plantillas

Dependiendo del tipo de plantilla, su utilización será de un tipo u otro. En este manual nos vamos a centrar en la utilización de plantillas en CMS, ya que tanto DreamWeaver como Photoshop son *softwares* licenciados por Adobe y el usuario tendría que adquirir una licencia de pago para poder utilizarlos, por ello remitimos al lector interesado a consultar un manual propio de PhotoShop o de DreamWeaver para profundizar en el uso de dicho *software*.

Plantilla CMS

En este apartado vamos a utilizar una plantilla que ya viene integrada en el propio CMS, en este caso WordPress. La plantilla la hemos adquirido en la web ThemeForest y, al descargarla, obtenemos la siguiente estructura de directorio (en este caso nuestra plantilla se llama Bridge, de ahí el nombre de las carpetas).

| bridge-child.zip | bridge.zip | documentation | licensing | xml export |

Figura 2.10. Estructura de directorio de la plantilla Bridge de WP.

Nos descargamos el CMS WordPress de la página https://wordpress.org/download/

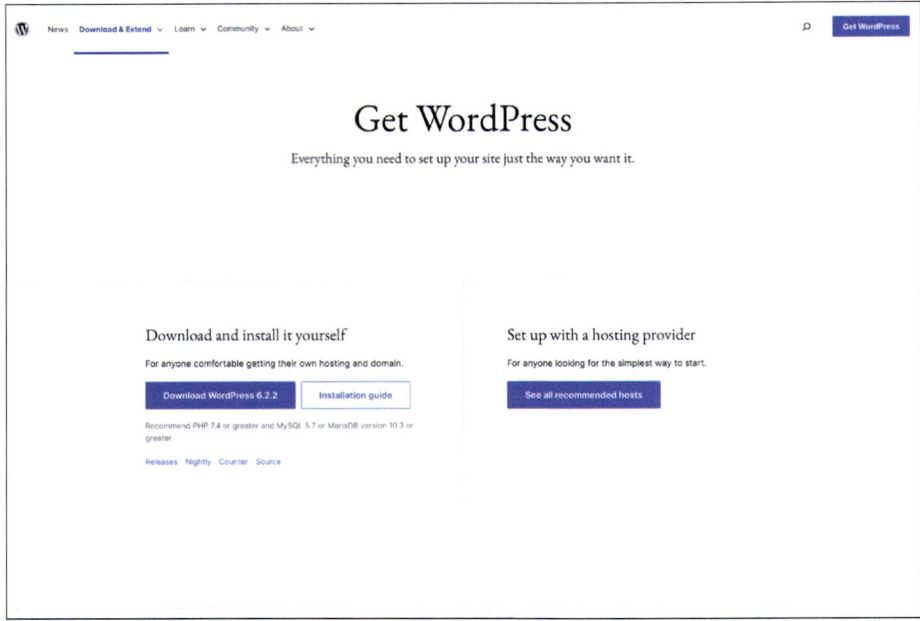

Figura 2.11. Página oficial para descargar WordPress.

Una vez tenemos desacargado e instalado WordPress (véase un tutorial de cómo instalar WordPress en un servidor Apache+PHP+MySQL), accedemos al *back-end* del mismo y elegimos la opción del menú lateral *Apariencia->Temas.*

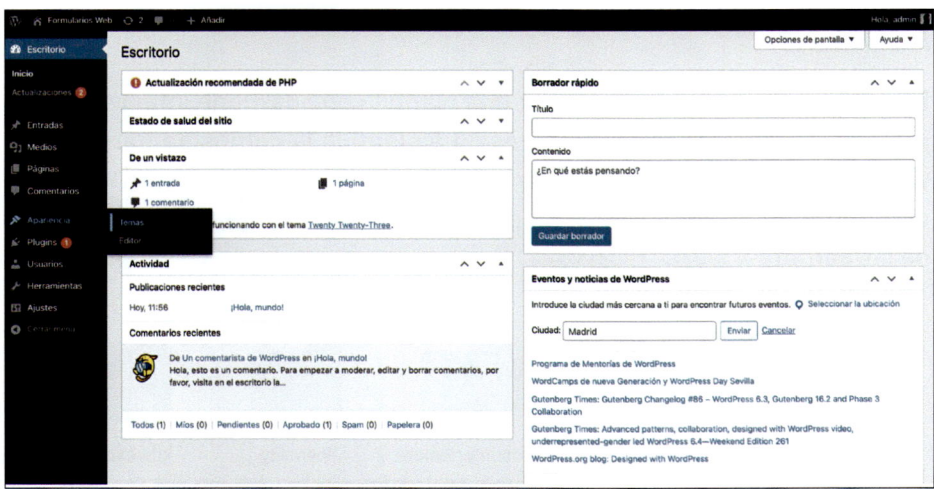

Figura 2.12. *Back-end* WordPress.

Al hacer clic se nos mostrará la siguiente pantalla donde hacemos clic en el botón azul ubicado en la parte superior y etiquetado como "Añadir nuevo".

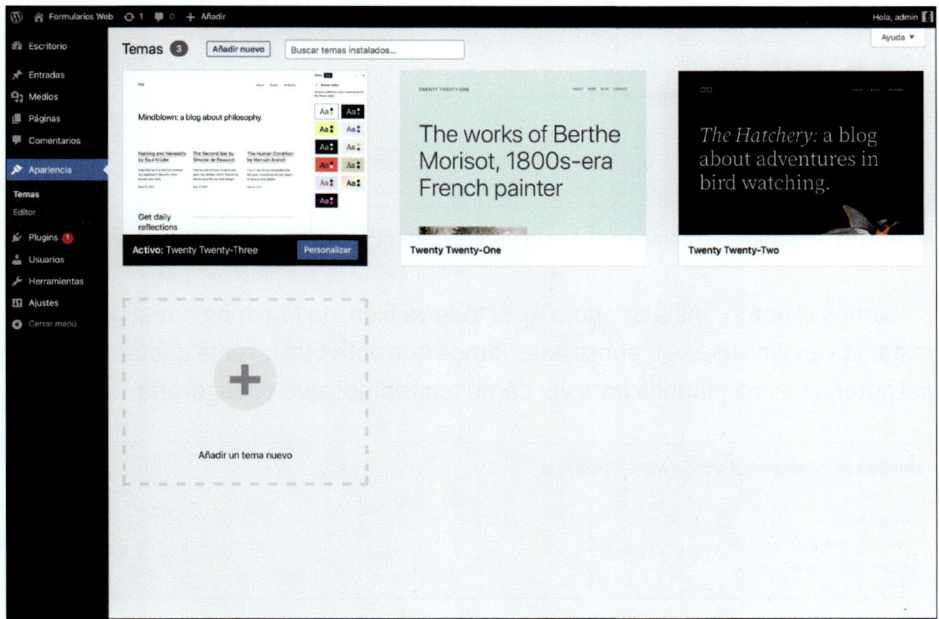

Figura 2.13. *Back-end* WordPress.

Ahí se nos mostrará un sinfín de plantillas que podemos instalar en nuestro CMS, algunas gratuitas y otras de pago. También tenemos la opción de *Subir tema.*

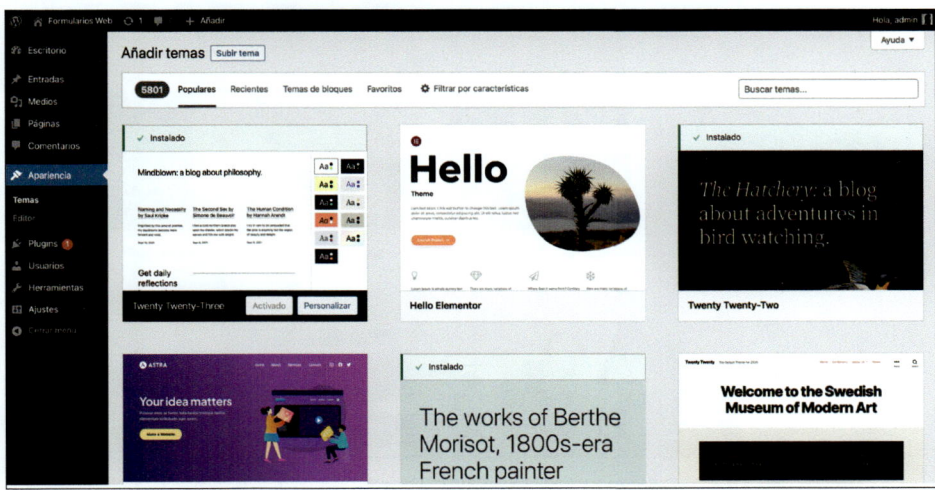

Figura 2.14. *Back-end* WordPress.

En nuestro caso vamos a subir un nuevo tema, aunque, como ya hemos dicho, podríamos elegir algunas de las plantillas del repositorio de temas de WordPress.

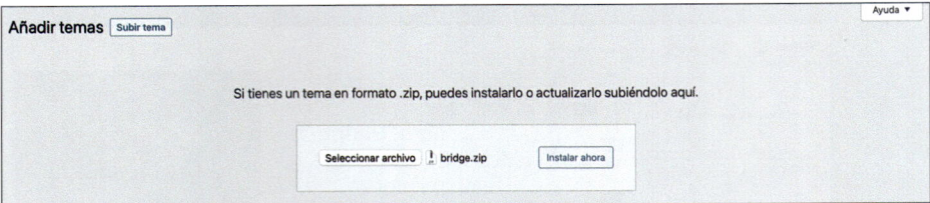

Figura 2.15. Ejemplo de cómo se sube un tema en WordPress (en este caso se llama Bridge).

Pulsamos el botón "Instalar ahora" y, si todo va bien, ya tenemos nuestra plantilla instalada en WordPress y ahora tendríamos que activarla y ver la documentación del autor de dicha plantilla para ver cómo tendríamos que configurarla.

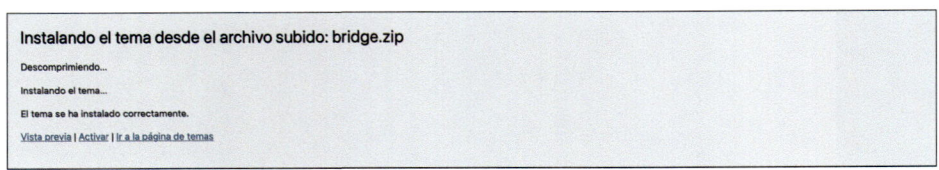

Figura 2.16. Plantilla instalada correctamente en WordPress.

Dependiendo de la plantilla, podemos tener varias configuraciones por defecto, las cuales nos van a dar un aspecto profesional a nuestra web sin necesidad de tener conocimientos de diseño web.

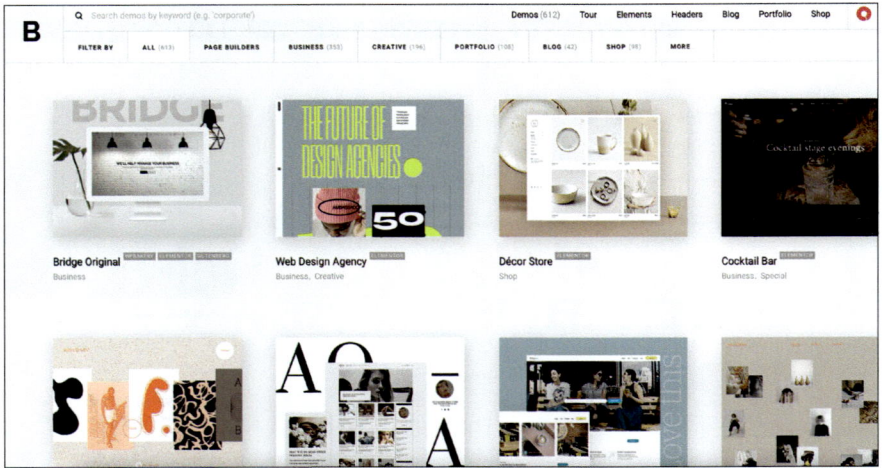

Figura 2.17. Ejemplo de configuraciones por defecto de la plantilla Bridge.

Plantilla HTML + CSS

Las plantillas diseñadas en HTML y CSS tienen la ventaja de que son totalmente editables.

La utilización de dichas plantillas se puede realizar de dos formas; la primera de ellas, que es quizás la más sencilla, utilizando un editor gráfico de páginas web conocido como **editores WYSIWYG** *(What You See Is What You Get),* que podemos traducir como "**Lo que ves es lo que hay**" (sería similar a los famosos editores de texto como **Microsoft Word o LibreOffice Writer**). La segunda sería mediante un editor de texto que permita modificar ficheros fuentes en HTML y CSS.

La mayoría de editores WYSIWYG son de pago, como por ejemplo, DreamWeaver, BlueGriffon o CKEditor.

En este tipo de editores bastaría con abrir la plantilla y modificarla como si de un documento editado en una *suite* ofimática se tratara.

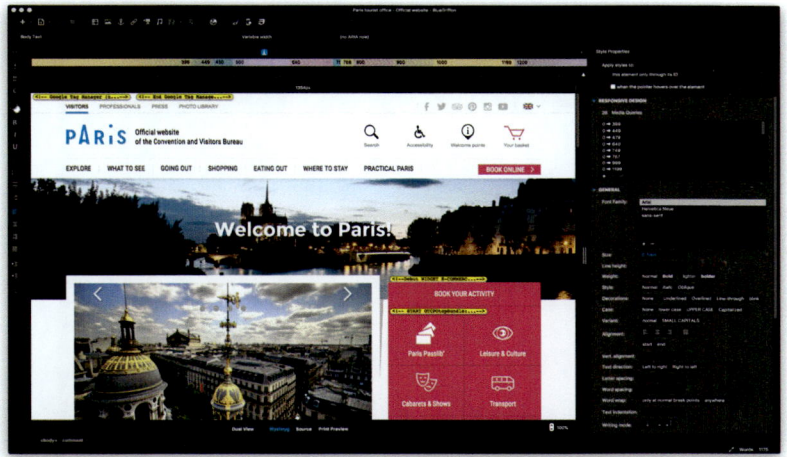

Figura 2.18. Ejemplo de blueGriffon.
Imagen obtenida de la web oficial http://www.bluegriffon.org.

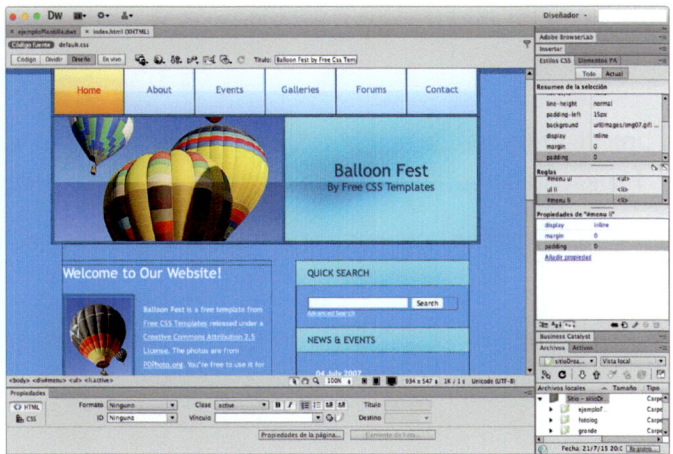

Figura 2.19. Ejemplo de DreamWeaver.

Si queremos modificarlo con un editor de texto, bastaría con abrirlo y modificar las zonas que queramos cambiar. Tiene el inconveniente de que el resultado no se ve en tiempo real, ya que no es un editor del tipo WYSIWYG, en el que el usuario ve cómo se van quedando los cambios.

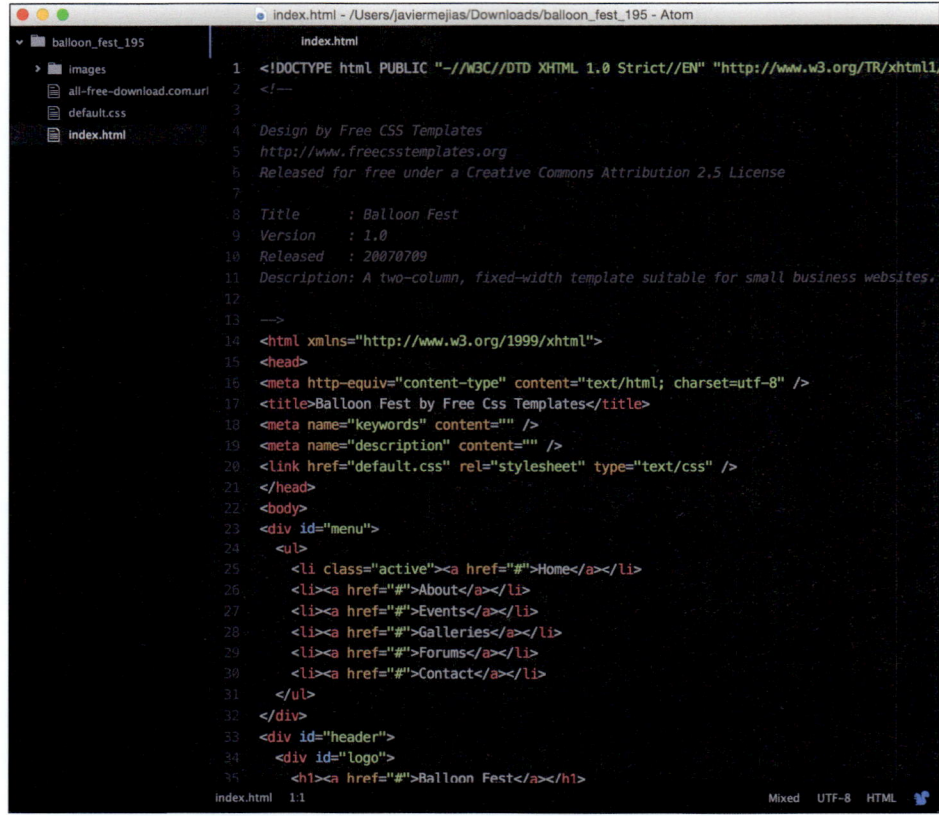

Figura 2.20. Ejemplo de edición de una página web en un editor de texto multiformato.

Plantilla PhotoShop

Para utilizar una plantilla creada en PhotoShop y guardada con extensión .psd, necesitamos hacer uso del *software* Adobe PhotoShop, que es de pago.

Una vez abierta la plantilla, se nos mostrarán todas las opciones de edición del programa.

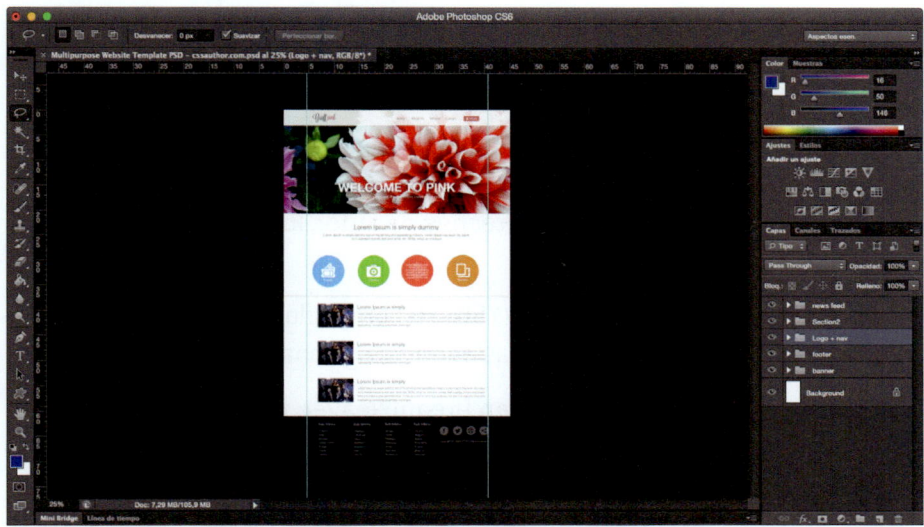

Figura 2.21. Ejemplo de edición de una plantilla en PhotoShop.

En la zona inferior izquierda podemos encontrar las capas, las cuales pueden ser modificadas de tal forma que se cambie el aspecto de la web.

La potencia de PhotoShop nos permite modificar imágenes, retocarlas, editar textos, eliminar capas y un sin fin más de posibilidades.

Por este motivo las plantillas de PhotoShop permiten crear potentes diseños que luego convertiremos en páginas web (HTML+CSS).

2.2. Campos editables y no editables

2.2.1. Definir y crear los campos susceptibles de cambios en una plantilla

En primer lugar, conviene recordar que aquellas plantillas que son realizadas y distribuidas como código HTML pueden ser modificadas en su totalidad por un programador con conocimiento en HTML y hojas de estilo CSS. Con las plantillas de PhotoShop ocurre lo mismo. La única forma de que haya campos no editables es fusionar la capa de dicho campo con el fondo, y la única posibilidad que habrá por parte del usuario es su eliminación.

En primer lugar, cuando diseñamos una plantilla web lo primero que tenemos que hacer es identificar los elementos que formarán dicha plantilla. Una vez los hayamos identificado, tendremos que crear un boceto con la estructura de nuestra plantilla, en el cual ubiquemos todos los elementos.

Una vez tengamos el diseño de nuestra plantilla, la implementaremos e, iden-
tificados los elementos que la forman, tendremos que definir cuáles serán
susceptibles de cambios y cuáles no.

Por ejemplo, todas aquellas zonas con textos informativos lo más normal es
que sean susceptibles de cambio, mientras que las zonas relacionadas con la
estructura, así como marcas de derechos de autor, lo normal es que no sean
editables.

En algunos editores web del tipo WYSIWYG como Adobe DreamWeaver podemos diseñar plantillas web con zonas editables y zonas no editables.

Para definir una zona modificable en DreamWeaver, tenemos que insertarla
de forma explícita, ya que todo lo que no esté definido como modificable es
considerado como no editable.

Para insertar una región editable en DreamWeaver, tenemos que ir al menú
Insertar→Objetos de plantilla→Región editable.

Tendremos que indicar el nombre de la región editable.

Para eliminar una zona editable, tendremos que irnos a la opción *Herramientas→
→Plantilla→Quitar formato de plantilla* y la región dejará de estar editable.

El nombre de la región editable tiene que ser único en cada plantilla. No puede
haber una misma plantilla con dos regiones editables de igual nombre. Para
cambiarle el nombre, tendremos que seleccionar la etiqueta de la región editable. Haga clic con el botón derecho del ratón y seleccione Quick Tag Editor.

Figura 2.22. Ejemplo de Quick Tag Editor con DreamWeaver.
Imagen obtenida de la página de ayuda oficial de Adobe.

Cabe recordar que si la plantilla la hemos realizado en HTML, todo podrá ser
modificado por un programador con conocimiento en dicho lenguaje.

2.2.2. Definir y crear los campos no modificables de una plantilla

Cuando creamos una plantilla en DreamWeaver, todas las zonas que no se definan como editables de forma explícita se consideran no modificables. Como hemos mencionado anteriormente, si hacemos la plantilla con HTML y CSS, todas las zonas son editables, por lo que en este epígrafe nos vamos a centrar en el programa DreamWeaver.

Para eliminar una región editable en una plantilla creada con Adobe DreamWeaver, tenemos que hacer clic en la ficha de la región editable que queremos modificar y, una vez seleccionada, elegimos *Herramientas→Plantilla→Quitar formato de plantilla*. De esta forma, la región dejará de ser editable.

2.3. Aplicar plantillas a páginas web

2.3.1. Las plantillas en la web

En internet hay infinidad de páginas que ofrecen plantillas web. A la hora de buscar plantillas en internet, tenemos varias opciones a tener en cuenta:

COSTE DE LA PLANTILLA

En internet existen infinidad de plantillas, algunas gratuitas y otras con coste. Generalmente las plantillas con coste suelen tener un acabado más profesional que las gratuitas, pero la calidad de las mismas dependerá de nuestras necesidades.

LICENCIA DE LA PLANTILLA

Es un error bastante común pensar que todo lo que podemos encontrar en internet se puede utilizar como si fuéramos propietarios. Los contenidos que están en internet pueden tener derechos de autor, por lo que tenemos que ser muy meticulosos a la hora de utilizar contenido digital obtenido de la web.

Respecto a los contenidos digitales, tenemos varios tipos de licencias. Las más utilizadas son:

- **Copyright:** es una de las licencias más restrictivas e indica que solo el autor puede distribuir, modificar y utilizar su contenido. Si un tercero quiere utilizarlo, necesita una autorización expresa del autor.

- **Copyleft:** es en esencia lo opuesto a *copyright*. Es una de las licencias más permisivas, ya que permite la modificación, distribución y utilización del contenido registrado bajo este tipo de licencia. Dentro de este tipo de licencias encontramos:

- **Creative Commons** es un tipo de licencia abierta que mediante cuatro opciones permite crear seis subtipos de licencia. Dichas opciones son las siguientes:

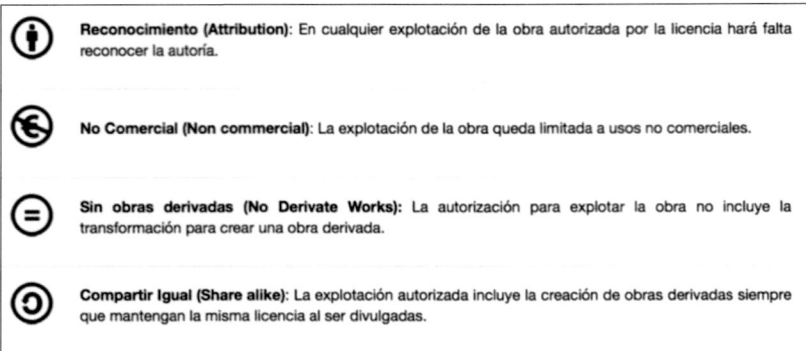

Figura 2.23. Ejemplos de atribuciones Creative Commons.

Y con dichas opciones podemos obtener las siguientes licencias:

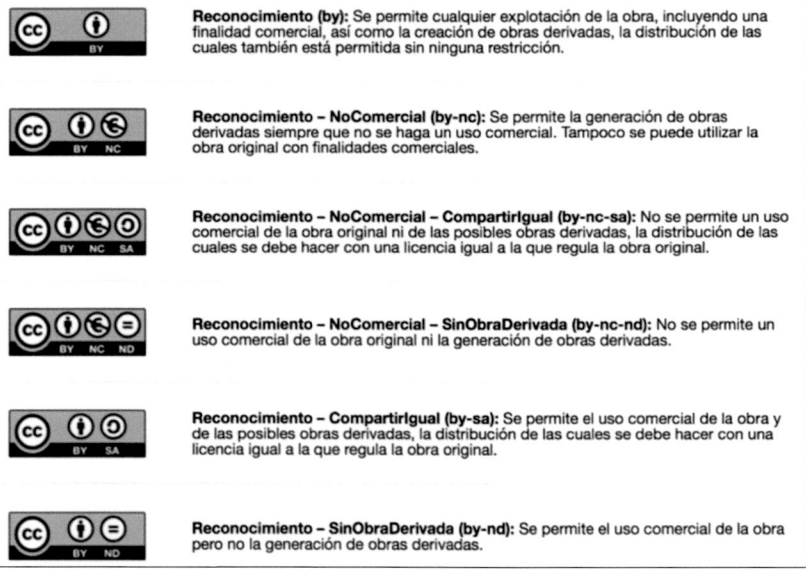

Figura 2.24. Ejemplos de licencias Creative Commons.

- **GNU GPL:** es una licencia creada por la Free Software Foundation para proteger la libre distribución, utilización y modificación del *software*.

- **Licencia Arte Libre (LAL):** es una licencia de tipo *copyleft* para distribuir obras de arte.

- **Coloriuris:** es un sistema interncional de gestión y cesión de derechos de autor que garantiza, a través de un contrato legalmente celebrado entre dos partes que, de darse una indebida utilización de los contenidos objeto de la cesión de forma contraria a la que ha dispuesto, su titular tendrá una herramienta jurídica que podrá esgrimir ante los tribunales contra el infractor. Todo ello garantizado por una entidad pública o privada que ejercerá de tercero de confianza.

TEMÁTICA DE LA PLANTILLA

Aunque las plantillas web pueden adaptarse a nuestro proyecto, estas suelen estar categorizadas por temática. No es lo mismo una plantilla web que esté orientada a un restaurante que la destinada a crear un portal informativo para la comunidad educativa.

FORMATO DE LA PLANTILLA

Los posibles formatos de plantilla que podemos utilizar son:

- PSD: imagen por capas diseñada con PhotoShop.
- HTML+CSS: formato recomendable para usuarios con conocimiento en lenguaje de marcas HTML y lenguaje de estilos CSS.
- Plantillas en DreamWeaver.

A continuación, vamos a dejar algunas páginas de referencia a la hora de buscar plantillas web.

Template Monster

Es una página muy completa de plantillas web, *plugins* y recursos gráficos. Tiene la ventaja de tener soporte en español.

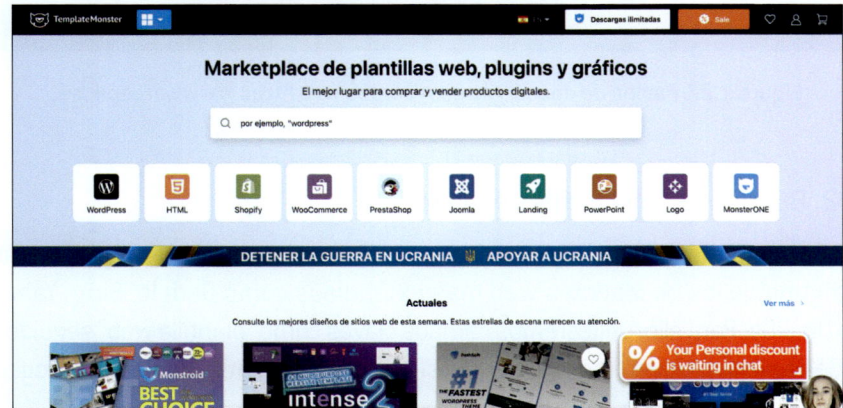

Figura 2.25. Página de descargas de plantillas https://www.templatemonster.com/es/.

ThemeForest

Es una de las páginas más completas donde encontramos plantillas para la mayoría de CMS.

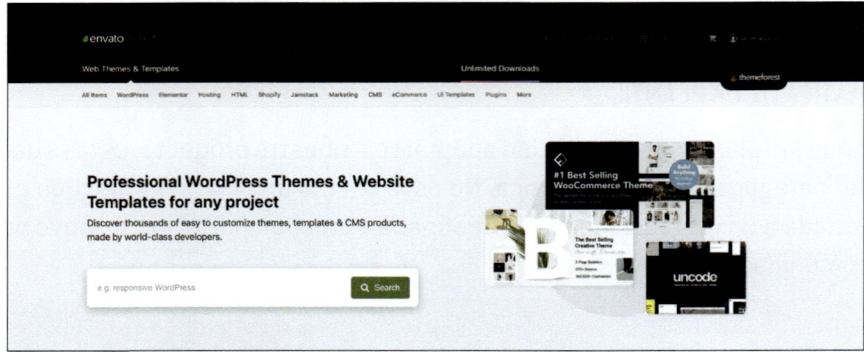

Figura 2.26. Página de descargas de plantillas https://themeforest.net.

Freepik

Esta página es principalmente de recursos gráficos, pero también podemos encontrar plantillas web en diferentes formatos.

Figura 2.27. Página de descargas de recursos web https://www.freepik.es.

2.3.2. Búsqueda de plantillas en la red

Cuando queramos buscar una plantilla en internet lo que recomendamos es utilizar alguno de los buscadores web más extendidos como Google, Bing, Yahoo o DuckDuckGo. Para ello, utilizaremos campos claves como "plantilla web" seguido del tipo de licencia que queremos y el coste así como de la temática de nuestro proyecto.

Por ejemplo, si en Google buscamos "Plantillas web gratuitas", nos aparecerán las siguientes páginas:

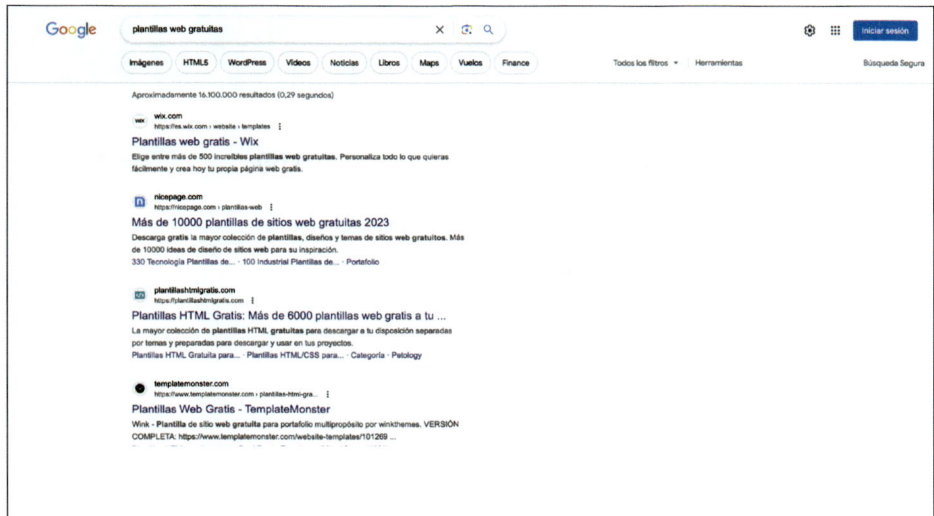

Figura 2.28. Resultado de poner en Google "plantillas web gratuitas".

Si sabemos la página en la que queremos buscar la plantilla, podemos utilizar las opciones de Google para buscar solo en esa página. Imaginemos que queremos buscar en ThemeForest una plantilla para múltiples propósitos (*multipurpose*), bastaría con poner plantilla *multipurpose site:* **http://www.themeforest.com**.

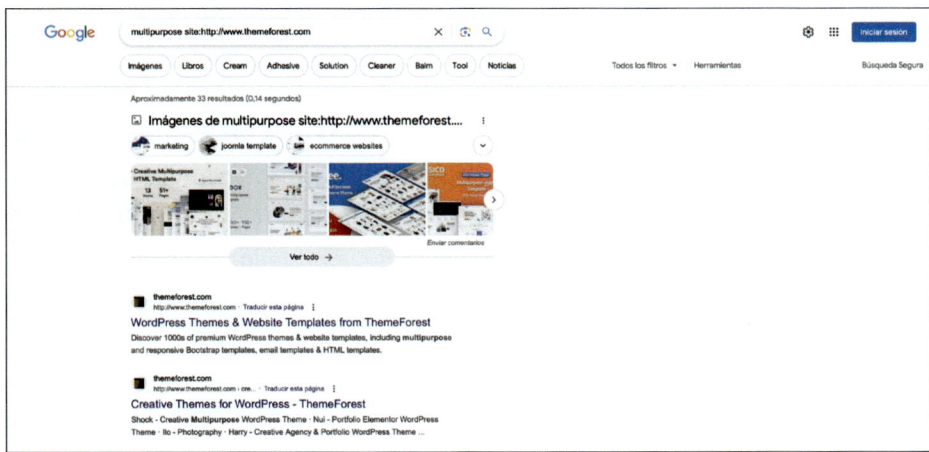

Figura 2.29. Resultado de buscar en Google "multipurpose
site:http://www.themeforest.com".

Además de utilizar los buscadores genéricos de internet, como Google o Yahoo, la mayoría de páginas de buscadores incluyen sus propios buscadores, como por ejemplo, en ThemeForest.com.

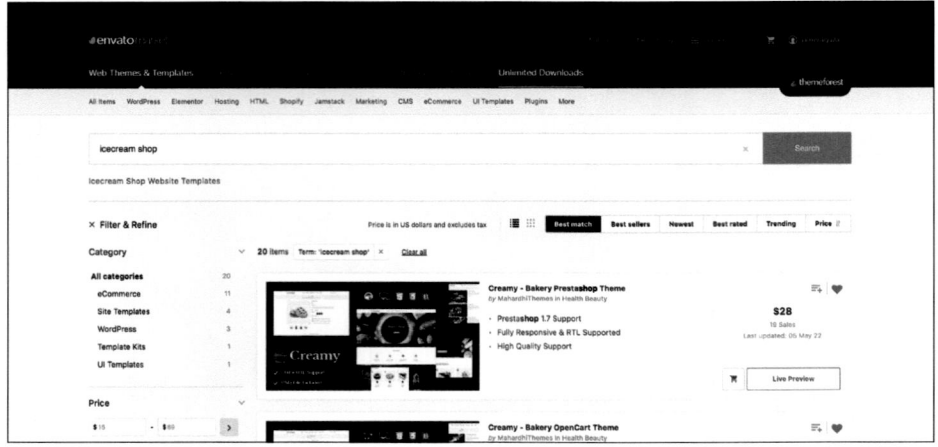

Figura 2.30. Resultado de buscar "Icecream Shop" en la página ThemeForest.

2.3.3. Adaptación de plantillas a páginas web

Las plantillas nos permiten ahorrar mucho tiempo y trabajo a la hora de construir sitio web. Los pasos generales para adaptar una plantilla a nuestra página web son los siguientes:

1. Buscar la plantilla que mejor se adapte a nuestras necesidades y adquirir-las. Tenemos que tener claro que si la plantilla es de pago tendremos que adquirir los derechos de uso.

2. Documentarnos sobre el uso de la plantilla que hemos adquirido. Cuando adquirimos plantillas de algunos CMS como WordPress, es fundamental que nos leamos la documentación de la misma, ya que cada plantilla se configura de una forma diferente y es importante estar documentados sobre su uso.

3. Adaptar la plantilla a nuestras necesidades, para ello modificaremos las imágenes, los logos, los colores y el texto para adaptarlos a nuestro proyecto y a nuestra imagen corporativa.

4. Crear el contenido en función a la plantilla que vamos a utilizar y a nuestro proyecto web.

5. Crear el menú desde el cual esté accesible toda la información organizada a lo largo de la estructura de nuestra web.

6. Asegurarnos que nuestra plantilla funcione correctamente en dispositivos móviles y tabletas, para ello tenemos que haber adquirido una plantilla con diseño responsivo.

7. Realizar las pruebas pertinentes para verificar que todo funciona correctamente.

8. Tenemos que optimizar nuestro sitio web para asegurarnos que tendrán un buen posicionamiento en los motores de búsqueda.

9. Realizar una copia de seguridad de nuestra web antes de hacerla pública.

10. Hacer pública nuestra página web en el *hosting* que tengamos disponible para que esté pública a través de nuestro dominio.

A continuación, vamos a dejar algunos ejemplos de cómo se puede modificar una plantilla web en el CMS WordPress, pero entendemos que, dada la cantidad de plantillas, gestores de contenidos y formatos de diseño, solo podemos dar unas pinceladas de la adaptación de una plantilla a nuestra web, ya que sería imposible tratar en un manual todas las posibilidades que ofrece el mundo del diseño web.

En el *back-end* de nuestro CMS WordPress podemos acceder a la opción Apariencia>Personalizar, tal y como se muestra en la siguiente imagen. Recordad que era en Apariencia>Temas donde podíamos instalar y activar un nuevo tema.

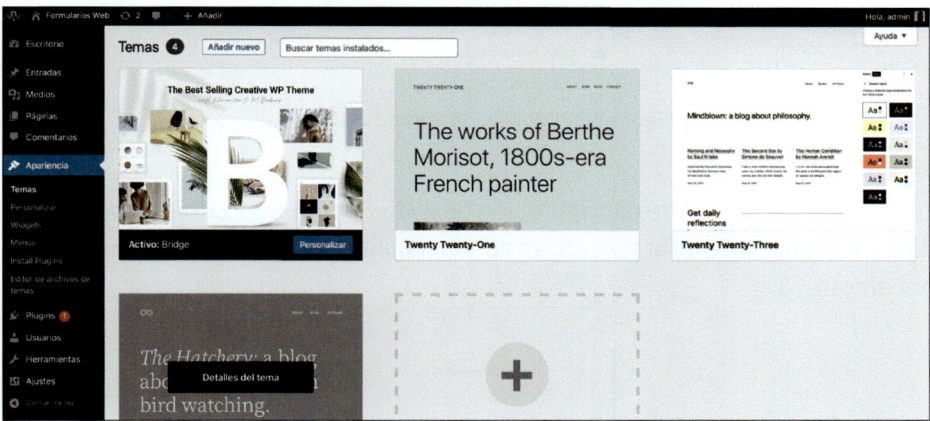

Figura 2.31. *Back-end* de WordPress donde vemos la opción Apariencia→Personalizar.

Una vez que hacemos clic en la opción Personalizar del menú Apariencia, se nos mostrará la siguiente pantalla.

Figura 2.32. Opción de Ajustar plantilla de WordPress.

En esa página podemos personalizar la Identidad del sitio, donde podemos indicar el icono y el título.

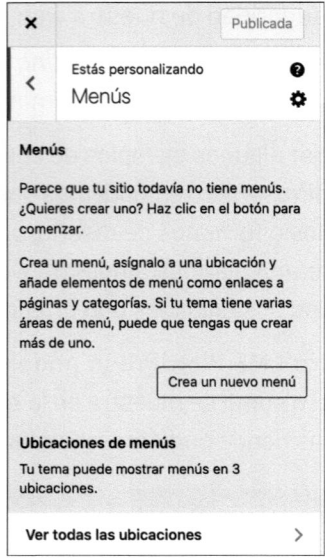

Figura 2.33. Opción de Identidad del sitio.

Si elegimos la opción de configuración de *widget,* podemos crear y ubicar este tipo de elemento interactivo en las zonas habilitadas en nuestra plantilla para tal efecto.

Figura 2.34. Opción de *widget.*

En cada uno de los subapartados podemos añadir el *widget* oportuno, veamos las distintas opciones que nos ofrecen:

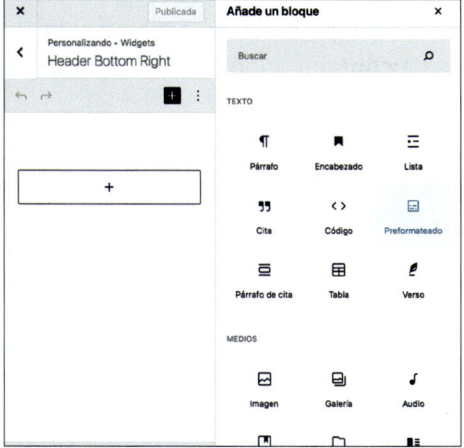

Figura 2.35. Opciones de *widget*.

Decir también, que en las opciones de configuración de las plantillas de WordPress podríamos crear nuestras propias reglas CSS para modificar el aspecto gráfico.

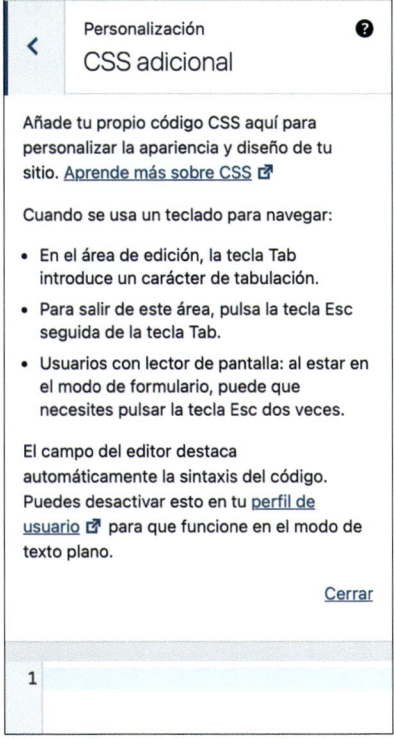

Figura 2.36. Opciones de CSS.

Por último, es importante decir que estas son las opciones que nos ofrece la plantilla que hemos utilizado, pero que la mayoría de plantillas en WordPress ofrecen como mínimo estas opciones de configuración para personalizar la plantilla acorde a nuestro proyecto web. Lo que suelen cambiar son las zonas editables y las demos de configuración de las distintas plantillas.

En WordPress, a igual que en la mayoría de las interfaces gráficas, un *widget* es un elemento que nos dota a nuestra interfaz de cierta funcionalidad como puede ser un calendario, el tiempo , enlaces a redes sociales o un panel de búsqueda.

EJERCICIOS PROPUESTOS

2.2. Busca al menos cuatro páginas web (una tienda, una página de noticias, una página de producto/*app* y una red social) y estudia la estructura de su interfaz. Haz una comparación de la estructura de la misma con la planteada en los epígrafes anteriores en función de las pautas de usabilidad propuestas por Jakob Nielsen.

2.3. Busca en internet al menos cuatro ejemplos de páginas poco usables.

2.4. Descarga una plantilla de una web HTML y crea una pequeña página de ejemplo basándose en dicha plantilla.

2.5. Investiga sobre el CMS WordPress. Prueba a instalar un servidor de aplicaciones en tu ordenador como XAMPP e intenta, con ayuda de internet, instalar el CMS WordPress en tu ordenador y activar alguna de las plantillas que no vengan por defecto.

Bibliografía

Libros

- Krug, Steve. *No me hagas pensar,* 2.ª edición. 2006. Pearson. 201 pp. ISBN 8483222868.

- Fernández Casado, Pablo E. *Construcción y diseño páginas web con HTML, CSS y JavaScript*, 1.ª edición. 2023. Ra-Ma. 314 pp. ISBN 9788419857163.

- Nielsen, Jacob *et al. Usabilidad. Prioridades en el diseño web.* 1.ª edición. 2006. Anaya Multimedia. 384 pp. ISBN 9788441520929.

Páginas web

- http://www.ite.educacion.es/accesibilidad/ Página del Ministerio de Educación, Cultura y Deporte. Último acceso julio de 2023.

- http://www.w3schools.com/ Tutorial *online* de técnicas web. Último acceso julio de 2023.

- https://www.wikipedia.org Página oficial de la enciclopedia libre *online* Wikipedia. Último acceso julio de 2023.

- http://www.templatemonster.com Página de plantillas web Template Monster. Último acceso julio de 2023.

- http://www.themeforest.net Página de plantillas web ThemeForest. Último acceso julio de 2023.

- https://helpx.adobe.com/es/support/dreamweaver.html Página web de la ayuda oficial de Adobe DreamWeaver. Último acceso julio de 2023.

- http://qbnz.com/highlighter/php_highlighter.php Página web para formatear código fuente. Último acceso julio de 2023.

- http://www.bluegriffon.org Página oficial del IDE BlueGriffon. Último acceso julio de 2023.

- https://wordpress.org Página oficial del proyecto WordPress. Último acceso julio de 2023.

Otros documentos

- Garay Fernández, R; Moscoso Fernández, J. A. "Diseño y desarrollo del portal RedEspecial aplicando normativas de usabilidad y accesibilidad en la Web". Proyecto fin de carrera Ingeniería Técnica en Informática de Sistemas. Universidad de Córdoba. Escuela Politécnica Superior. Córdoba 2006.

- Mejías Real, J. "Generador de tiendas virtuales en base a principios de usabilidad". Universidad de Córdoba. Escuela Politécnica Superior. Córdoba 2008.